Want Bonus Goodies?

Email us at GiftLofty@gmail.com

Title the email "Best puzzle" & let us know you bought this Puzzle book.

Easy

Sudoku

Puzzles

500+ Easy Sudoku Puzzles

Robert Mead

A Special Request

Your brief Amazon review will really help us. Please, go to the Amazon store and help Review this book right away.

Thank You!

Contents

Introduction

Cut the pages out!

This book is made with a very wide middle margin so that you can easily tear out or rip the pages. Many people find it convenient to solve the puzzles when they tear out the pages.

Overview

Each 9x9 grid puzzle contains 81 cells or squares – there are nine horizontally arranged lines of squares, nine vertically arranged lines of squares and there are nine smaller 3x3 grid squares or block outlined by a darker line – with few cell already filled in.

The Objective is to fill the 9x9 grids so that every column, every row and each 3x3 grid Square that makes the large grid contains digits 1 to 9 with no repeat.

Rules

Each puzzle has some numbers already on the grids as shown bellow and it's up to you to fill in the other numbers. Figure out where the missing digits between 1 through 9 should appear in the empty cell or squares of the puzzle. No number can be repeated in any row or column or inside an outlined box.

How To Solve

Sudoku is a logic base game, so do not guess the missing digits. Scan the row, the column and across the 3x3 square to eliminate numbers and end up with a single possibility. If you send us an email, we will send you other important tricks and advance techniques to solve Sudoku puzzles.

A completely filled puzzle should look something like the one below. Notice that digits do not appear twice down any column, across any row or within a 3x3 block. Each of the Sudoku puzzles has its own unique solution.

COLUMN

6	1	8	5	7	9	2	3	4
5	2	3	1	6	4	8	9	7
7	4	9	3	8	2	6	1	5
8	3	1	9	4	7	5	2	6
2	7	4	6	3	5	1	8	9
9	5	6	8	2	1	4	7	3
4	8	5	7	1	3	9	6	2
3	6	2	4	9	8	7	5	1
1	9	7	2	5	6	3	4	8

ROW

BLOCK

Puzzle 01

1			7			6		
		2					1	
7			2		6		4	
5		6	3					
		1				8		
					5	9		4
	8		6		4			5
	4					2		
		3			2			9

Puzzle 02

2			4	8			5	
		8		7			6	
						1		
9		2						6
		4	3		2	7		
1						4		8
		6						
	9			5		3		
	8			1	7			9

Puzzle 03

6	7	3				5		
			1				4	2
							3	
	5	7	4	1		9		
		8		6	9	3	5	
	3							
7	2				4			
		5				7	8	4

Puzzle 04

6	8							
		4				5	6	
5				1				9
		7		8	6		1	
		3				4		
	1		2	7		3		
9				6				7
	5	1				6		
							8	3

Puzzle 05

							3	
7		3		8			9	
6			7		4			
	6	1	2					9
			6		7			
9					1	5	8	
			4		3			7
	5			6		2		1
	2							

Puzzle 06

					3			
		7			5			4
	1	5				6		7
			6	3				
8	4			7			9	1
				8	1			
5		2				9	8	
4			9			1		
			8					

Puzzle 07

	4		1				7	6
	8	3	7					1
		5			4			
					6		3	
2								8
	1		3					
			8			9		
3					2	4	8	
7	9				1		5	

Puzzle 08

						7		9
5		6						8
7			9		2		3	
8		1		6				
		2				9		
				8		1		6
	8		3		1			7
2						8		5
4		9						

Puzzle 09

		9				3		
	5	8				4	6	
				7	8			
6					5		9	
	2	4				8	5	
	8		9					3
			1	5				
	3	6				2	8	
		1				7		

Puzzle 10

6			8			9		
		1			2		4	6
			7			1		
2					7			3
			3		6			
1			9					5
		8			9			
9	1		2			8		
		2			4			7

Puzzle 11

	3		9					6
					1		7	
	9	1			6	2		
1	6		5					
5								2
					2		9	4
		3	2			9	8	
	8		6					
7					8		5	

Puzzle 12

1					6			5
				1		2		
3					5	1	4	
8				5				
4	3						9	8
				6				4
	8	1	6					9
		7		2				
2			4					6

Puzzle 13

					2	7	4	
6		7	4		3			9
								6
	1			8				3
		6				1		
2				9			7	
7								
4			3		6	9		2
	2	5	9					

Puzzle 14

			3		6	2		
	6			5	4			
		9					6	
			4	7				9
	1	5				8	7	
9				3	1			
	8					3		
			6	1			4	
		7	9		5			

Puzzle 15

			3				6	
4				8				
1	8	9					4	
	6	8			3	1		
				2				
		7	6			4	9	
	5					7	8	9
				3				2
	2				7			

Puzzle 16

		5				6		8
	1						2	
	7				6			3
6		3		2				1
			4		9			
4				8		2		7
7			5				4	
	9						3	
5		8				1		

Puzzle 17

6	1				3	8		
					4	2	3	
								5
		3			5			9
5	9						4	1
7			4			3		
4								
	6	2	3					
		9	5				2	7

Puzzle 18

				2			4	5
		8						
7		1						3
		2	3		7		9	
3		9				8		7
	1		5		8	2		
1						5		6
						3		
8	3			5				

Puzzle 19

		1		9	5		6	
			4					9
		3		1			8	
		4				8	7	
	7						3	
	3	9				6		
	8			6		1		
3					2			
	6		9	5		2		

Puzzle 20

		4			6			9
8		2					5	7
		5		9	8			
								8
	2		8		3		1	
7								
			3	5		9		
9	4					2		5
2			7			1		

Puzzle 21

				3			1	
		2				6		7
	1						8	
	2		9			7		8
8			5		2			9
7		4			1		5	
	4						6	
2		5				3		
	6			1				

Puzzle 22

7	9		2		3			
				6		7		
	3		5				1	6
	7	5				3		
		1				5	8	
8	5				9		4	
		2		7				
			4		1		3	8

Puzzle 23

		3					9	
4	2						1	
	8		6	9				
		2	3		6	1		
		1				8		
		7	2		8	3		
				7	3		5	
	5						3	4
	9					7		

Puzzle 24

	1	6				4	8	
								1
4				3	5			
		8	4		3	6	5	
	5	9	8		6	7		
			9	7				3
9								
	4	1				5	2	

Puzzle 25

							2	5
3						4		
2			9	6		3	1	
7	3				9			
		4				5		
			5				6	4
	4	7		5	6			2
		3						8
1	8							

Puzzle 26

				1		9		
3				4	5			
	7				9	3		8
2							5	1
9								3
4	3							7
5		8	3				6	
			5	6				9
		2		8				

Puzzle 27

5					6			
	7					3	8	
	3		7					2
		4				6		7
		3	6		2	9		
7		8				1		
3					9		7	
	8	2					1	
			5					9

Puzzle 28

				7			5	
						4		
	2			6	8		1	
5			2			9		3
2	9						7	6
8		1			6			5
	7		8	5			6	
		8						
	1			2				

Puzzle 29

						3		7
7			1	6			2	
			4	3				
	2					8		9
		9	7		8	4		
6		5					1	
				7	6			
	6			9	2			3
5		3						

Puzzle 30

			2		7			
		4						
1	5			6			9	7
9		2			6	1		
		1				7		
		3	7			6		8
8	9			7			5	3
						9		
			3		5			

Puzzle 31

	4		9		3			2
	7			4				
				6				9
			7			2		5
7		5				6		4
9		4			8			
1				3				
				9			6	
8			5		2		1	

Puzzle 32

	8	6	9			5		
	2	9		5		3		
					8			
9				2				3
			1		9			
2				6				8
			7					
		3		1		4	2	
		5			6	7	1	

Puzzle 33

			3		5	7		
	1			4			5	
3		7			2	1		
	4			9				
2								8
				5			9	
		5	4			9		3
	3			8			1	
		4	6		7			

Puzzle 34

4				5		6		8
						3		
			3	9	1		5	4
					6	1		
2								5
		7	1					
6	5		8	3	7			
		9						
8		2		4				7

Puzzle 35

	4	8		6				
		3				1	8	
9				3				7
6		2	8					
	7						4	
					5	2		3
8				2				5
	2	7				3		
				1		9	2	

Puzzle 36

			2	6				
		7			4	5		
8	5					6		
6	8						7	3
			4		2			
9	2						5	4
		6					3	9
		5	9			8		
				4	3			

Puzzle 37

	9							
				2	3		5	8
5		4			7		2	
		8						6
7	3						1	9
1						5		
	2		5			7		1
8	1		4	9				
							4	

Puzzle 38

			4	1	2			
			5				9	
	8	6				2	5	
2	5							
			7	9	1			
							3	6
	3	2				1	6	
	7				4			
			9	6	3			

Puzzle 39

							1	8
				5				
7			1		9	2		5
	2		6				8	
	3	1				5	6	
	9				8		4	
4		8	2		1			9
				3				
9	1							

Puzzle 40

8					1		6	4
						1		
	5		6			2		
	9	1		4				
6	7						2	8
				2		9	5	
		4			7		3	
		7						
3	2		5					7

Puzzle 41

7	3					2		
	8	6		3				
		5			6		7	
2					8		4	
		8				6		
	1		4					9
	6		9			3		
				2		4	8	
		3					1	2

Puzzle 42

		7						
	3			4				5
		5		9			1	8
	4				7			
5		8	3		9	7		6
			4				8	
2	9			6		5		
3				2			9	
						1		

Puzzle 43

		3		7	4	6		
					1		4	
		4				3		2
				2			6	4
7								8
9	1			5				
2		7				5		
	9		7					
		8	5	6		2		

Puzzle 44

2				1	5		9	
3		6			7			
							2	1
		8	9					7
	2						3	
1					2	4		
9	5							
			8			5		4
	7		5	4				2

Puzzle 45

4					2			
6		1		7	8			
5							3	
1	5		4		3			
		4				1		
			2		1		6	5
	8							4
			9	3		7		6
			7					9

Puzzle 46

	6			7		8	5	4
	8		6	9				
				8				
		1				4	2	6
2	3	7				1		
				3				
				6	2		7	
3	4	2		1			8	

Puzzle 47

	4	1	8				3	
	3		5				4	
6								2
							1	9
		4	2		5	7		
3	8							
8								3
	5				7		2	
	9				2	1	6	

Puzzle 48

3							9	
		7	6			1	2	
		8		9	5	4		
				3				6
			8		7			
9				6				
		1	4	8		6		
	8	3			6	5		
	2							8

Puzzle 49

	4	3	7			1		
	2					9		
7		8			1			2
			9					
	3		5		2		6	
					4			
3			4			5		9
		2					8	
		6			9	3	4	

Puzzle 50

2					5	7		
	6					2		
	9	3		6				4
		4		3			1	
8								2
	3			4		6		
6				5		9	7	
		7					6	
		8	6					3

Puzzle 51

7		2			4	5		
							6	9
4					8	2		
3							7	
9			4		7			8
	8							1
		3	6					4
2	9							
		4	5			8		6

Puzzle 52

	4	9			2			
		5				2		7
1		3	4				6	
6		4	9					
					4	3		9
	7				3	1		8
5		2				4		
			1			7	9	

Puzzle 53

4				1			9	
9			2		5			
3			8				2	
8					3	7		
	5						8	
		1	9					2
	3				6			5
			4		8			1
	7			5				9

Puzzle 54

2								
		9				8		6
			9	5	7	2		
	4	8			2			
	3		7		6		9	
			8			4	3	
		4	2	3	9			
1		7				6		
								5

Puzzle 55

8			4					7
			7		3	1	4	
4				7	5	9		2
5								6
6		8	2	3				5
	5	2	1		9			
7					4			3

Puzzle 56

			5				4	6
2						7		
								3
		6	4		1		5	8
	5		8		6		3	
1	7		3		5	2		
9								
		3						1
5	6				4			

Puzzle 57

9	4			2				
					7	3	5	
7			6		3			4
	9	2	3					
					9	2	6	
4			2		5			6
	6	7	8					
				9			1	7

Puzzle 58

	3	7			2			
								1
			4		8		6	
3	8	1				4		
7		4				6		8
		6				1	7	9
	1		9		3			
2								
			8			9	4	

Puzzle 59

			2				1	
	3			9	6			
1	2				5	8		
			7	2				
3	9						2	8
				3	9			
		6	8				5	7
			5	6			4	
	1				2			

Puzzle 60

		3				1		
1	8			7				
	6				5			8
					2			4
	3	6	8		9	5	1	
7			6					
4			9				3	
				8			6	5
		1				4		

Puzzle 61

7		9				3	6	
			6		9		5	
			1			8		
						1		2
5			3		4			7
3		2						
		1			5			
	4		9		7			
	7	6				5		8

Puzzle 62

				9			7	1
1		6		3				
5			1				6	
		7					2	
	6		5		2		4	
	8					3		
	4				8			5
				5		7		9
2	3			7				

Puzzle 63

8		4			9			
	6					7		1
			6		5			3
		5						9
2	8						4	6
7						2		
4			2		7			
1		3					2	
			9			8		4

Puzzle 64

			2	1				
								6
		3		9			1	5
	4			7	2			9
	8	1				2	7	
6			8	3			4	
7	2			8		9		
5								
				5	4			

Puzzle 65

	6	9			4			7
		1	2	8			5	
	7		1					
8				2				
		3				2		
				4				3
					5		9	
	8			6	9	5		
9			7			1	4	

Puzzle 66

1	4				9	2		
							1	
				7	6			8
	2	7						
		4	5	6	1	8		
						9	3	
5			4	2				
	3							
		6	8				5	1

Puzzle 67

8		7				6		
	2				6			
					4	3	1	
		1		3			6	8
	5						7	
4	3			1		9		
	7	4	1					
			9				5	
		5				2		1

Puzzle 68

			4	2				
1			5			3		
6	7		9			5	1	
					3	9		
	9						8	
		6	1					
	1	7			5		4	8
		5			4			6
				8	7			

Puzzle 69

	7		1	6			9	
			7		8			
9	1				5			
	5					3		
4		6				7		1
		3					4	
			2				8	7
			9		4			
	4			5	1		6	

Puzzle 70

	8				4			9
						5	7	
				7	8		3	
3	4			2		9		
		5				3		
		1		9			6	7
	5		1	4				
	3	2						
4			5				1	

Puzzle 71

							1	
		5			1	9		
			2	3				4
		7		6	3		8	
9	4						3	6
	5		1	4		2		
7				8	6			
		9	7			3		
	2							

Puzzle 72

					3			
1							8	6
3	6		2					9
				5	4		6	
9		8				5		1
	7		9	1				
7					1		2	5
6	1							3
			4					

Puzzle 73

						9		
2	6	4		3			5	
1							6	
8			1	5				
		9	7		4	2		
				6	2			3
	4							9
	5			4		3	8	7
		8						

Puzzle 74

					7		1	
6								7
	2			6			8	
1		2		9	8	4		
		3				8		
		6	5	7		2		1
	9			3			4	
4								9
	7		8					

Puzzle 75

							2	
	2		9	7				4
5			6				3	
	7	4		8		1		
6								3
		2		9		4	8	
	6				2			7
3				4	7		1	
	5							

Puzzle 76

		4	5				6	1
			4					
	9						4	8
							1	7
2		7		3		6		9
8	6							
9	8						5	
					2			
7	4				3	2		

Puzzle 77

	1	4			8			
		8			7	9		
2				6			3	
	9	3				5		6
5		2				3	4	
	5			8				7
		6	9			8		
			2			4	6	

Puzzle 78

4			7					
		2	3			7		
	9	1			4			
9		8		5			2	1
5	2			1		4		9
			4			1	7	
		3			6	8		
					2			5

Puzzle 79

8				2			5	
						1		7
7		6	4					9
				4				6
	7		6		8		9	
3				1				
1					6	8		5
2		9						
	8			3				1

Puzzle 80

	8						6	
2	3		5		9			4
				1		7		
		5	7					
6			4		5			3
					6	5		
		4		8				
3			1		2		9	8
	7						2	

Puzzle 81

				3	7			
1	4				6		2	
6			5			4		
							4	5
	5	4				3	6	
2	3							
		8			2			9
	9		6				1	3
			7	9				

Puzzle 82

		2	4	8		9	1	
	4				9			
							4	3
3					7			
5		9				3		1
			6					5
4	2							
			2				9	
	8	6		3	4	2		

Puzzle 83

		3		2				8
			4			9	3	6
	8			7				
5			3	6		2		
		7		8	5			9
				9			2	
7	4	6			1			
8				5		4		

Puzzle 84

3			6				5	9
	4	6	8					
2					1			
				5		7	9	
	9						4	
	3	2		8				
			3					2
					6	3	7	
1	7				4			6

Puzzle 85

		3			4			
		9		3		5	6	
				1				8
	5	1	8					4
4								5
2					1	9	7	
5				9				
	6	8		4		1		
			2			3		

Puzzle 86

		3				8	1	
	7	4		1				2
				9			5	
					9		2	
7			4		5			3
	3		1					
	6			8				
2				3		5	4	
	8	9				1		

Puzzle 87

	4				3	1		
		1	8					
	9			5	7			
	6						4	2
		3	6		9	7		
2	5						1	
			2	1			3	
					6	2		
		6	4				5	

Puzzle 88

						2	3	
4	1			3				8
7							6	
	8				5			
3		1	6		8	7		9
			2				4	
	6							4
8				2			1	7
	9	5						

Puzzle 89

		2			5	1	4	
				3	7			
							5	
5	6			2		4		
	7		5		8		9	
		1		4			6	8
	8							
			6	7				
	9	4	8			7		

Puzzle 90

2		4	6					
		8	2				6	4
			5			8	3	
			3				1	
8								5
	7				4			
	6	7			5			
3	1				7	6		
					3	4		9

Puzzle 91

2					7	6	1	
8		3	6					
		5			3			
		7	4	6				
	4						9	
				1	5	7		
			7			2		
					1	5		7
	3	6	8					9

Puzzle 92

	5			3		9		2
				8		7		
6					9			
4	2		8					
	1		5		2		8	
					4		7	9
			3					8
		3		5				
8		9		6			4	

Puzzle 93

	2			1		7		
3	5			7				8
7			5			6		
9	6							
			9		2			
							9	3
		8			6			9
6				9			4	2
		7		5			1	

Puzzle 94

				1				
	5		3					8
4				7	2		1	
	2			3		7	9	
	6						8	
	9	7		5			3	
	3		6	8				9
2					3		4	
				2				

Puzzle 95

	8							
		6		7	4		9	
		5		6		7		2
	3		2					
2	5						8	6
					8		4	
9		3		4		8		
	4		1	9		5		
							1	

Puzzle 96

						1		
		6		5			8	
1			6		2			4
2				6	8			
8			2		1			9
			7	9				3
3			9		5			2
	6			1		7		
		5						

Puzzle 97

5		2	1					
8				2				
4	3				8			
	8	5					4	
			2	9	1			
	9					6	7	
			8				3	5
				4				1
					9	2		6

Puzzle 98

		3	5	2				
	2				3	9		4
7						1		
		5	3	4	6			
			7	8	1	6		
		8						2
2		1	4				9	
				9	8	7		

Puzzle 99

			5		9	1		
4		6						
	8			1		4	3	
	7					8		
9			4		6			1
		5					7	
	6	3		8			9	
						7		2
		7	1		4			

Puzzle 100

			2		5			
	8	9		7	1			
	5						4	
2						7	8	
		1	6		2	9		
	9	3						6
	3						5	
			9	4		3	7	
			8		3			

Puzzle 101

			9		7		3	5
9					6		8	
			5			4		
3			7					
	1		6		2		7	
					5			6
		3			8			
	8		4					2
5	7		3		9			

Puzzle 102

	5			7		3		
8					2		5	
4				8			1	
			9	4		6		
5								7
		2		3	8			
	7			9				3
	1		3					8
		6		1			4	

Puzzle 103

8	3	7		1				
5			9					8
4		6					5	
	1				9			
			6		4			
			2				9	
	6					1		9
9					7			3
				9		8	6	2

Puzzle 104

		6		2	5	4		
7			3				1	
			9				5	
	3	2				8		
	8						9	
		9				6	3	
	5				8			
	4				3			8
		7	2	5		9		

Puzzle 105

	9				8			7
					5			
		5					8	4
	5	7		3	1			
	8			9			2	
			6	7		3	5	
8	1					9		
			1					
6			9				3	

Puzzle 106

5			2	8		7	3	
2			6					5
		3					1	
4							8	
			3		9			
	5							1
	1					4		
6					2			7
	9	4		5	1			3

Puzzle 107

6			4		7		8	1
		5				9	2	
	2			3				
	1		2					
		2				3		
					6		4	
				4			3	
	9	7				6		
4	8		5		9			7

Puzzle 108

	3			1	9	2	4	
				7			6	
1						9		
5			7		4			3
9			5		3			6
		1						8
	2			5				
	6	3	4	8			2	

Puzzle 109

			7			6	4	1
9			2	1				7
		7		2		4		8
			9		5			
2		9		4		3		
8				3	7			6
1	4	5			6			

Puzzle 110

	4			5				
				1		2	8	
8	3							
2			7				4	6
9			2		5			3
4	1				3			9
							9	2
	8	6		7				
				6			5	

Puzzle 111

	4				9	5		7
6				8	7			
			1					2
	1			7				
	3	4				9	2	
				3			6	
9					2			
			3	6				9
3		7	8				5	

Puzzle 112

			6		1			
	6					3	4	
			4			5		
1	5			6	2		8	
2								9
	9		8	1			2	4
		9			8			
	4	5					3	
			1		7			

Puzzle 113

		7						8
4		3						
	9					6	2	
8				5	6		4	
		2	3		1	9		
	1		8	2				7
	2	6					3	
						1		4
5						8		

Puzzle 114

9					4	7	1	2
					8	3	4	
8	9	7						1
	3						8	
4						9	7	5
	1	3	9					
5	4	6	7					9

Puzzle 115

	6	4						3
8	9							
				6			4	8
		2	3				7	5
				8				
5	7				1	6		
6	5			9				
							9	1
7						3	8	

Puzzle 116

	1		7			9	4	
7					4			
				9			3	1
8				5				
6		7				1		8
				6				4
5	3			8				
			4					6
	8	9			2		1	

Puzzle 117

					4		9	
		9		8				
6	1				3		7	
4					2			5
	6	2				1	8	
9			5					3
	5		4				2	7
				1		8		
	7		6					

Puzzle 118

					4			
		9		6			5	
7					8		4	3
6		1		3		9		
3								5
		7		8		4		2
5	7		4					8
	2			9		1		
			8					

Puzzle 119

			3		2		8	
6				7				5
						3	1	7
		1	6			2		
				9				
		8			5	9		
2	4	3						
1				5				2
	7		8		6			

Puzzle 120

	2		5		3			
7	8							
	5		6		8			4
		2		4		6		7
9		3		1		2		
5			9		6		7	
							5	8
			7		4		3	

Puzzle 121

9				2			3	
				3	1	7		
	3	6						
		7		8		5		
4			3		2			9
		2		1		3		
						1	6	
		1	8	7				
	2			5				4

Puzzle 122

								5
	4		9					1
			1	6	8			2
		3				2	9	
	9		3		7		1	
	6	8				3		
5			4	1	3			
4					2		8	
6								

Puzzle 123

7	5	3						9
	9						2	
4				9		3	6	
			4	3				
	8						7	
				8	5			
	6	1		5				8
	2						1	
5						2	4	6

Puzzle 124

	2						5	6
	9	1		3		2		
			8					
5	1				7			
	4						8	
			2				4	9
					2			
		8		9		7	3	
6	7						9	

Puzzle 125

4		8	9			7		
				5	1		8	
1			7					
3				2				
6	9						3	5
				8				4
					6			3
	4		5	3				
		1			4	5		6

Puzzle 126

			3				1	4
		7						
		9		4		6	5	
	8	5						7
	9		2		1		4	
1						2	6	
	5	4		7		9		
						3		
6	7				2			

Puzzle 127

	1				9			
		5	2	6				1
						7	8	
	8			9		2	5	
			6		8			
	4	3		2			7	
	3	7						
1				5	2	6		
			1				3	

Puzzle 128

8					3	9		
			9		5			
		3		2	4	1		
4	5							7
3								5
1							2	6
		6	5	9		7		
			3		7			
		1	6					3

Puzzle 129

2	3	5			9		4	
				8				
	4		2			3		
		3			7			
	9	1				7	3	
			6			4		
		7			3		5	
				1				
	8		9			6	1	4

Puzzle 130

5		3	6	2	7			
	4							
	1				3			6
						4	6	2
	5						8	
9	3	6						
7			2				9	
							1	
			7	6	1	2		3

Puzzle 131

2		9						
		8	6		3			5
	5	4		7	8			
		6			7			8
8			3			9		
			9	6		2	3	
5			7		4	6		
						1		4

Puzzle 132

	6	5				8		
7	2				8			6
				7	5	4		
						7	8	
			4		9			
	9	3						
		1	2	4				
3			5				9	4
		8				2	1	

Puzzle 133

		8					9	
			8				5	3
	6				5			
		2	6	5			3	
1			9		8			4
	3			4	7	6		
			1				2	
6	7				2			
	9					4		

Puzzle 134

	4				7		2	
		7				6		
			3			1	9	
				9	8			2
		5	4		6	8		
7			1	5				
	5	2			1			
		9				3		
	7		5				6	

Puzzle 135

				4	1			
8	1							
	6	2		5		9		8
	8				7	1		
	4						2	
		5	9				3	
7		9		8		2	6	
							8	5
			4	3				

Puzzle 136

			7	4	1			
			3				2	
8		6						7
	2	3		8		4		
			5		9			
		8		2		1	6	
9						7		5
	8				4			
			6	5	3			

Puzzle 137

	2		8				5	
		9	7			6		
8		5				1		
1				5		4		
		4		2				5
		6				9		4
		7			9	5		
	3				2		7	

Puzzle 138

				6			1	
5		8			2	6	4	
	1			5				9
4					8			
	3						9	
			1					8
6				2			8	
	4	5	6			1		3
	8			9				

Puzzle 139

	3	4						
2					5		8	
					6	4		3
					8	5		6
	5	8				9	4	
4		3	7					
9		2	8					
	7		6					1
						3	9	

Puzzle 140

5			9			8		
8					4		3	5
				1	5	9		6
			7					
3								1
					6			
9		1	5	8				
6	7		3					9
		8			1			4

Puzzle 141

1				8	3			
8	5				6	9		
9					2	4		
		9					6	5
6	4					7		
		7	2					4
		3	7				2	1
			1	5				9

Puzzle 142

			3				2	7
	1	3	6				4	
			4				8	
6			5			2		
	4						1	
		8			3			4
	7				9			
	3				2	5	7	
1	8				6			

Puzzle 143

3	2				4			7
6		8			5			
	1		2			9		
			1	6				
	6						3	
				8	2			
		5			7		4	
			4			8		2
2			8				7	3

Puzzle 144

	7					5		2
	1				3			9
	9				6	4		
	6			8	4			
			2		5			
			6	7			1	
		9	5				2	
1			8				7	
8		4					9	

Puzzle 145

8		7				9		
			5				8	7
6	5					3		
		1		7				8
	2						4	
3				4		2		
		9					5	3
5	6				1			
		8				7		2

Puzzle 146

8								
3			8				2	5
5	6				2			
		1	4			5		
2			9		1			7
		7			6	3		
			3				8	4
9	3				4			1
								3

Puzzle 147

					6		2	
				2		8	4	
	1		3					9
3						6	9	
		4	1		9	7		
	7	8						3
5					3		1	
	9	7		1				
	8		9					

Puzzle 148

4		9		6		7		
	2						9	3
					9			5
6				1			5	
	4						8	
	7			9				6
2			1					
3	5						4	
		1		7		3		8

Puzzle 149

						2		3
	5	6	4					9
	3		2	5				
	8		6					
6			1		3			5
					7		4	
				1	8		9	
8					4	6	7	
1		5						

Puzzle 150

7		3		2	9			
				8				1
			5			4		
		8				2		9
		7	6		3	8		
9		6				1		
		4			2			
8				3				
			4	6		5		8

Puzzle 151

6						4		
		2	9		1			
		1					5	3
	1	3			7			
5	7						8	2
			8			6	3	
2	3					8		
			4		9	5		
		4						6

Puzzle 152

2	6			3				
5	8	4						3
						6	4	
				4	2		1	
	5						6	
	9		8	7				
	3	9						
1						9	2	5
				6			3	1

Puzzle 153

3					9		2	8
	9					3		
7	5				3			
	6				5			9
			3		6			
9			1				5	
			7				3	6
		4					7	
8	3		9					1

Puzzle 154

2								
9	4	7			3		8	
			1		5			9
					1		4	
		6	7		4	1		
	1		2					
5			3		6			
	2		9			7	1	4
								6

Puzzle 155

5	3		8		2	4		6
7				4	9			
		2						3
		6	1		4	7		
8						1		
			3	6				9
9		1	5		7		6	4

Puzzle 156

							5	4
2							1	
4	6	8			5			
5	2	1		4				
			8		9			
				1		6	4	7
			6			5	9	3
	3							1
7	8							

Puzzle 157

							4	5
6								
	9	3		8	2		7	
2					3			7
		5	8		6	2		
7			1					6
	2		5	6		1	8	
								3
8	4							

Puzzle 158

7			1		4			2
		1				7		
					5			1
5	3	4	6					
	9						2	
					1	3	4	8
9			5					
		7				1		
2			7		3			5

Puzzle 159

		5	9				8	7
				5		4		9
4				9	1		2	6
	5						1	
8	2		3	4				5
6		8		7				
2	3				8	9		

Puzzle 160

1				2	7			
				8		3		7
			6					1
		4				5		
2	9		4		1		8	3
		5				6		
7					2			
5		9		6				
			3	1				2

Puzzle 161

	9	6	5	3				
	7		8				9	2
				6				
		1						9
5		9				8		7
4						3		
				5				
7	8				3		5	
				4	1	7	3	

Puzzle 162

4								
6		3						
8	2		7		5	4		
			4	3			1	2
			9		6			
2	4			5	1			
		6	5		3		9	7
						8		3
								6

Puzzle 163

6				7				
2					4			9
			5		2		1	
	8	4			1	6		
				4				
		1	2			5	4	
	6		7		8			
3			9					1
				5				7

Puzzle 164

				2	6	7		9
				4				8
6			5		7			
	2	3					4	
			9		2			
	1					8	5	
			2		5			4
5				7				
2		9	1	3				

Puzzle 165

7		1			2	3		4
4								
					1			9
							8	3
	5	2	3		9	7	4	
3	9							
2			7					
								5
8		3	5			1		6

Puzzle 166

		8		1			4	
	9						8	7
3		7						
2					4			
	3	6	5		8	9	1	
			6					4
						6		1
6	7						3	
	4			8		2		

Puzzle 167

				1	2			
	7				5			1
		2	7					4
1		3			7			
5		4				6		9
			2			1		5
7					8	4		
8			9				6	
			1	4				

Puzzle 168

3			7				5	1
					8	7	3	
8			9			4		
					3		4	
4								6
	1		2					
		3			5			8
	6	5	3					
2	7				9			5

Puzzle 169

			4				6	
	2	1			6	9		
					8			2
3		4						9
	5	9				2	1	
7						5		8
6			7					
		5	9			8	4	
	4				2			

Puzzle 170

1				9		8	5	
		7						
	6				5		4	1
3		5			4		1	
	9		5			4		7
7	4		9				3	
						1		
	2	8		1				6

Puzzle 171

			4	7	5			
	9				8			4
	8		3			5		
	1	6			2			
	3						9	
			8			1	2	
		2			6		8	
4			1				7	
			2	5	7			

Puzzle 172

				7				
		3					5	
6		4	5				1	7
5			2	4	8		7	
	6		1	9	7			2
3	7				4	6		5
	9					1		
				3				

Puzzle 173

8		2	3			6	9	
1								
6	7		2	4				
2		9		3				
				7		5		6
				1	8		2	3
								5
	8	7			3	4		9

Puzzle 174

2		8		7		9		5
		3	8	6				
			9					
5	4							
		9	3		4	1		
							2	6
					8			
				9	7	5		
7		5		3		2		1

Puzzle 175

8		2	3			6	9	
1								
6	7		2	4				
2		9		3				
				7		5		6
				1	8		2	3
								5
	8	7			3	4		9

Puzzle 176

2		8		7		9		5
		3	8	6				
			9					
5	4							
		9	3		4	1		
							2	6
					8			
				9	7	5		
7		5		3		2		1

Puzzle 177

9			4			7		
	1				3			8
6					7			
3							1	
7		8	1		2	9		6
	9							2
			5					1
8			3				6	
		2			1			3

Puzzle 178

	3	2			6			
7	4		8		2	3		
6						4		
			1		7			
		4				8		
			5		8			
		3						1
		1	7		5		4	2
			9			6	7	

Puzzle 179

						6		
			8			4		
1		9	6	3				
	6			8		3	2	
3			4		6			9
	7	4		2			1	
				6	3	2		5
		7			5			
		1						

Puzzle 180

2					7	3		
9		5		6				
3		4			1	2		
								2
	6		1		9		4	
8								
		1	3			7		6
				1		9		3
		2	5					1

Puzzle 181

				2		4		9
		2		5		3	1	
	8				3		7	
						5	2	7
4	6	7						
	3		9				6	
	9	4		8		2		
2		8		3				

Puzzle 182

	9	4	2		1			
1		6				8		
		8						9
			9		4		3	
		3				2		
	6		8		7			
2						6		
		9				5		7
			7		5	4	9	

Puzzle 183

5			2		9	8	3	
8	6			5	7			1
	1			7	2			
			6	3			9	
7			9	2			6	3
	4	5	1		8			2

Puzzle 184

	9			8	7			
						1	2	
		4				3		
			4			9		6
3			2	1	5			4
1		7			6			
		1				6		
	2	6						
			6	4			8	

Puzzle 185

			9		6	3		1
2	8				7	5		
			2					
	5					2		6
6								4
9		4					8	
					2			
		9	8				4	7
8		3	1		9			

Puzzle 186

		5	8	1	6			
8					2		4	
6		3		5				
					9			
	6	7				5	8	
			6					
				7		8		2
	3		4					7
			9	2	3	1		

Puzzle 187

	8	4				7		
3						2		
				9			4	
1				6	4		9	5
			5		3			
5	7		9	8				1
	2			7				
		7						8
		5				1	6	

Puzzle 188

				6				7
			9		3			
	2	1				5		
			6		4	7		3
	8	4				9	5	
3		9	2		8			
		2				6	7	
			7		9			
8				4				

Puzzle 189

					9	1		6
4					3		7	
2	3			7	8			
							6	
8		4				3		9
	5							
			6	8			9	1
	9		3					4
7		8	2					

Puzzle 190

4	6	1		8			2	
		2	6			3		
					7	5		
8	1							
		3				6		
							1	2
		6	5					
		8			9	7		
	2			7		1	3	8

Puzzle 191

		1	6			5		
						9	8	6
3			4		9			
			1				5	
8	3						2	7
	2				5			
			5		1			4
4	1	8						
		3			2	8		

Puzzle 192

	1		9		7	8		
	7	3	6					4
5								
4		9					3	
	8						2	
	2					9		5
								6
8					2	4	9	
		1	4		3		5	

Puzzle 193

8		4	3		7		1	
		5			8			
6		7						
			4			8		
		3	1		2	7		
		2			9			
						6		7
			9			5		
	9		6		5	4		2

Puzzle 194

		3		7				1
			9	8	6			
7			4			2		
		6				7		5
		7				3		
8		5				4		
		9			3			8
			8	1	7			
3				2		1		

Puzzle 195

1				3	2		4	
4								
	8	5			9			
		6				5	1	
	1		9		4		8	
	3	2				9		
			2			4	5	
								6
	9		3	1				2

Puzzle 196

			1					
9		2						8
		5		3	8		7	6
				5		8		1
1								3
5		9		2				
6	4		9	1		5		
8						4		2
					4			

Puzzle 197

	1			2	3	9	5	
		7	4					
	6						1	
				5			4	2
		4				7		
1	5			7				
	4						9	
					1	5		
	2	1	3	9			6	

Puzzle 198

			2	8			4	
				3				2
	6	2					5	9
			7			4	8	
		1				3		
	8	3			4			
9	4					6	7	
5				7				
	1			4	5			

Puzzle 199

5			1	8		4		9
				4		1		
						7		
	1	5						8
6		4				9		7
7						2	3	
		7						
		3		5				
8		6		3	2			4

Puzzle 200

4			1					
	5				6	9		4
		9				2	6	
					4	3		9
2								1
7		4	6					
	3	2				1		
8		1	7				3	
					5			6

Puzzle 201

								5
3	4			9				
	8	7	4					3
	9			6			2	1
			5		2			
7	1			3			8	
4					3	7	6	
				7			1	4
1								

Puzzle 202

7						6	3	4
3	4		9					
				8	4	9		
6	2				3			
			7				5	8
		7	1	3				
					9		8	2
1	5	8						7

Puzzle 203

3					6			
8			5		4			9
	9			3	7			
	1	5					9	
	7						6	
	3					5	1	
			2	7			4	
1			4		8			2
			1					8

Puzzle 204

3						2		9
	4		9				1	5
7		9						
2						9	7	
			3		8			
	6	4						3
						3		8
5	3				1		4	
6		2						1

Puzzle 205

			4		8			
3							1	
8	7			2		6		
2						7		
1	3	9				5	2	4
		5						6
		6		9			7	3
	8							1
			2		6			

Puzzle 206

				8				
	4			9	7	2		
	2					5	4	7
5							1	
4			1		3			9
	9							6
3	1	7					9	
		5	6	1			2	
				3				

Puzzle 207

6		4	7					8
	8				4	9		2
				2				
	6			1	7			
		9				5		
			4	9			6	
				4				
7		8	6				3	
4					2	8		6

Puzzle 208

		4					7	
	7				9		8	
	8	6	5					9
	9			8			5	
1								7
	5			6			4	
8					5	9	1	
	1		2				6	
	6					2		

Puzzle 209

						6	9	7
		3						1
		6	5				3	
					2		5	4
3			7		9			2
2	9		1					
	2				4	7		
6						8		
1	8	4						

Puzzle 210

	4			1	8			
9	2				4	6	8	
			7					
					3	2		7
		8				9		
1		6	9					
					9			
	1	9	2				7	4
			5	8			3	

Puzzle 211

			8			7		
1		5						
		8		9	3		5	
9		7	5					
3			9		2			4
					6	5		8
	9		1	2		6		
						2		7
		3			4			

Puzzle 212

4					1	8	9	
3			5		9			
	7						4	
	4					3		
	5		4		2		1	
		1					2	
	6						3	
			7		5			6
	3	4	6					9

Puzzle 213

1		9			2			
3	5			8				
							3	1
8				2			9	
	6			1			7	
	7			4				5
5	4							
				7			4	6
			3			5		9

Puzzle 214

	1							
	2			7	5			
8	6				4			1
	5					7		4
	9		5		1		8	
6		4					2	
2			8				1	6
			9	5			3	
							5	

Puzzle 215

	2	4				9		
			1				7	
			6	7			5	
9		6					4	
			4		8			
	4					7		1
	9			2	5			
	1				7			
		3				6	9	

Puzzle 216

		7	1				5	
	4	8					3	2
3							4	
		9			8			
		6	9		5	1		
			7			2		
	1							8
7	5					9	6	
	8				6	5		

Puzzle 217

		2	1		8			4
	4							9
7			3				5	
	5		9	8			6	
	6			5	4		9	
	3				6			5
2							1	
9			2		1	8		

Puzzle 218

							2	3
1			4		7			6
				5	8		7	
		1			9	4		
			5		4			
		7	2			5		
	3		8	7				
8			9		6			2
7	9							

Puzzle 219

		7	3					6
8		9		7			5	
5					6			
1			7					
	4		1		5		8	
					2			4
			9					3
	3			2		4		8
6					1	2		

Puzzle 220

		8				4		
7			3	4				
				5				7
	4		6			5	9	
8		6				3		1
	9	2			7		4	
6				1				
				9	2			8
		5				9		

Puzzle 221

2			6	4		5	8	
	8		3		2			
5								
	5				1	4		
	1						9	
		2	7				3	
								3
			5		6		2	
	2	5		9	7			6

Puzzle 222

	2		9	1				7
	6		5			1	9	
		9	1			8		
5			6		3			2
		3			4	9		
	4	6			9		5	
9				8	5		4	

Puzzle 223

	2	5			7			
4	3	9	5					
8			2					
2			4					
	6	3				1	9	
					3			5
					8			3
					1	9	4	7
			9			5	2	

Puzzle 224

		8	4		9	5		
4								9
6			5			3	8	
							1	
7		5				6		3
	9							
	2	3			6			7
8								6
		1	9		3	2		

Puzzle 225

6	7			9				
	3							
			4	8		3		
1			9	7	4	8		2
9		4	2	5	6			1
		2		6	8			
							9	
				4			1	5

Puzzle 226

5	4			8				
							3	1
			7		1		4	
		5	2	7		1		
	9						6	
		6		4	8	2		
	7		3		9			
4	8							
				1			7	2

Puzzle 227

	6				9			8
				4				
		8	1			6		3
				7	3		9	5
7								1
5	4		2	8				
2		4			6	9		
				9				
1			3				5	

Puzzle 228

	3			9				
		4		5				
1						7		5
7				3	9	8	6	
		3				4		
	1	2	8	7				3
3		1						2
				8		5		
				1			4	

Puzzle 229

			6				9	5
	5							
6	2		9			8	1	
			3			4		9
5								7
4		6			8			
	6	7			2		5	3
							2	
3	8				6			

Puzzle 230

	6	9	5	3				
3		1		7				
	8				1			9
								6
	2		9		5		1	
4								
2			3				9	
				9		7		1
				2	6	5	4	

Puzzle 231

	4	3		8				
	6		1		9		5	
		8						6
				6				9
1	5						7	3
6				4				
2						3		
	8		5		6		4	
				2		7	6	

Puzzle 232

4		6				9		
	7						1	6
					9	2		
		7	1					2
	4	5				1	7	
8					5	6		
		3	7					
6	9						3	
		2				5		8

Puzzle 233

		4	1	3				8
	6		4					5
						4	7	
			3			9		7
	8						2	
2		6			7			
	4	1						
5					4		6	
9				1	6	3		

Puzzle 234

	6	4						
					9	3		7
					7	4	2	8
6	3			2				
	8						9	
				9			1	4
5	9	2	7					
8		7	3					
						1	7	

Puzzle 235

6			9	4				
						7	4	
	1	2		8				
				7		9	5	8
	5						6	
2	9	3		6				
				2		6	3	
	6	7						
				3	5			1

Puzzle 236

			2				3	1
		5					6	
	6	9	8					5
			4	2				7
			7		1			
9				6	8			
5					3	8	7	
	7					3		
6	4				7			

Puzzle 237

7		3	5	9				
							3	
			4			6		
	5			4		8	7	
1	2						6	4
	8	4		3			9	
		1			7			
	6							
				6	5	2		1

Puzzle 238

					4	2		
						8		
2					8	1	3	7
		4		9			7	8
	2						1	
8	7			6		3		
7	6	2	3					4
		1						
		9	6					

Puzzle 239

	7	2	4					
		8			1	6		
3								
	5		2		9			7
2	1						6	8
9			3		6		5	
								5
		6	7			3		
					8	4	9	

Puzzle 240

2	7		3				4	
		6	1					
4					6	1	8	
	9							
7		8				4		2
							6	
	3	9	8					6
					3	5		
	6				5		7	8

Puzzle 241

		5		4	7			2
2		3						
	8			5		3		
	6					2		7
5								9
3		1					6	
		9		3			5	
						4		3
7			2	1		9		

Puzzle 242

1	8				7	2		
9	4		6					
	7			6			9	
	5	2	7		9	6	4	
	3			2			5	
					1		6	8
		5	4				2	7

Puzzle 243

	7		4					
	2			6	7	4		
						3		9
6					1			2
1	5						4	3
7			3					8
2		9						
		4	7	5			6	
					3		2	

Puzzle 244

6	3							
					8	2		
5		1			2	9	6	
1			2					
	9	4				1	2	
					1			5
	5	6	1			4		3
		7	8					
							5	8

Puzzle 245

2	9		7		4			1
		4	1	3			5	
	7			8		4		
6								3
		1		5			6	
	3			7	9	6		
7			6		8		9	4

Puzzle 246

		8						9
2		1		4			6	
4	5						2	
		7		1	3			
8								3
			5	6		7		
	9						3	7
	2			3		5		1
7						9		

Puzzle 247

	6	4						5
						3	9	
		8		9			2	
					2	9	8	
		9	7		8	4		
	2	6	3					
	1			2		8		
	8	7						
4						1	6	

Puzzle 248

	3	1	8					2
		5			2		6	
	8							
		4		8		2		
2			7		3			1
		9		5		3		
							5	
	6		3			8		
9					7	4	1	

Puzzle 249

1		5			3	6	9	
	9							1
	8				9			
			8					4
	4	3				7	1	
5					1			
			3				7	
8							5	
	7	4	5			8		2

Puzzle 250

	1				7			
	4			6	2			9
						3	7	
	7	8				2		
		2	4		3	8		
		3				4	9	
	5	9						
7			8	1			5	
			2				6	

Puzzle 251

						9		
	3			5			8	
8	6		4				3	
					9	7		
1		6		7		5		8
		5	2					
	8				5		1	6
	2			9			4	
		7						

Puzzle 252

			1			6	9	7
	7							5
				3	2			4
		3		1				
	1	6				4	5	
				5		3		
7			6	2				
9							8	
1	4	8			7			

Puzzle 253

1	8		2	3		6		9
		2	5					
						5		
		3			9			
	7	9				4	5	
			3			2		
		8						
					6	1		
9		4		2	7		8	6

Puzzle 254

			8	3			1	
2		7		6				3
							4	
		3	7		2			
7		8				9		4
			9		6	1		
	2							
3				5		4		9
	4			9	8			

Puzzle 255

	6			3				1
4	8		6				7	5
					2			
1				2			4	
		5				8		
	2			1				3
			4					
5	4				7		2	8
7				8			9	

Puzzle 256

		1		3				7
	6					9		
			1	4				
7		3	6				1	
5		9				8		6
	2				8	3		9
				2	5			
		2					3	
8				1		7		

Puzzle 257

		2	5	3		1		
		1			7			
5			6	8		4		
							4	
	2		7		9		3	
	9							
		9		7	6			1
			9			6		
		8		4	2	5		

Puzzle 258

	2	4			6	7		
7		3						
	9							3
	6			8			9	5
			4		9			
8	3			5			6	
5							7	
						9		2
		7	8			1	5	

Puzzle 259

9			1	5	6			
		6			4	5		
	5			2		7		
		5						1
			8		9			
2						3		
		1		8			7	
		9	5			4		
			9	7	2			3

Puzzle 260

6	3	8		5				2
			7					
					3		1	
		1			9	4		
4	6						9	3
		2	6			5		
	2		4					
					5			
8				7		6	2	9

Puzzle 261

		9	2				7	
	1	8				5		
7				3				
	8	4			5	6		
9								1
		1	7			2	9	
				6				2
		2				4	6	
	5				1	3		

Puzzle 262

	6		2		3			
1	2							
			5	9				
6		1			2		7	
		5	6		8	1		
	4		9			2		5
				7	9			
							1	9
			4		6		5	

Puzzle 263

			3		8			
	4					3		9
5		2				1		7
		8	4	3	6			
			2	9	1	4		
1		9				6		3
4		6					2	
			5		7			

Puzzle 264

	1		8	5	7			9
	6	4						
			4			8		
	5			7				
3	9						7	5
				2			9	
		8			2			
						5	4	
6			1	9	4		3	

Puzzle 265

		9		5				
					7		6	8
8	7	5	2					
		6				8	5	9
9	4	2				1		
					5	7	1	3
3	1		6					
				8		9		

Puzzle 266

		9	8		6			2
1	6						3	
				7	9			
	2		4	6		1		
		3		1	8		7	
			6	4				
	5						2	7
9			2		5	6		

Puzzle 267

			2				5	7
			5					
		1	7		3			2
	1	2				7		
5	3						4	9
		4				2	3	
8			6		2	5		
					9			
9	6				5			

Puzzle 268

5			2	9		4		
			3					
	4	1				8		
		6		4				3
1			7		6			2
8				2		6		
		7				5	1	
					3			
		2		8	5			7

Puzzle 269

			1				9	
	5					2		
	6		3	2			1	5
					9	8		
	8	6				7	4	
		3	6					
5	2			3	1		7	
		7					5	
	4				7			

Puzzle 270

1			4			8	3	
6			7					
	4	5						
5						6		1
	1		5		8		7	
9		7						8
						1	4	
					4			3
	8	2			9			5

Puzzle 271

		1	8				2	
				9				
		5			6	7	4	3
				2				6
4	8						7	2
2				4				
6	5	8	3			9		
				5				
	7				1	6		

Puzzle 272

			3				9	
	3	5	7	1	8			
1	7						3	
						4	5	
			2		1			
	9	4						
	4						6	5
			1	5	9	2	7	
	5				6			

Puzzle 273

	8			2	5	9		
							4	
7				6	9	3		1
6							7	
	9						5	
	1							8
1		5	8	7				3
	7							
		4	5	9			2	

Puzzle 274

					9		2	
			4				8	3
		7			5	1		6
		6		8			1	7
2	1			5		6		
6		1	9			2		
3	9				1			
	8		7					

Puzzle 275

6			9			1		
	8	7						
2		9						7
	9		5			8		4
	5						7	
7		3			4		2	
8						7		9
						2	6	
		4			8			3

Puzzle 276

9		3			2			
			8					5
5						8	1	
		9	6		8			4
	1						9	
6			1		3	5		
	3	4						7
7					6			
			7			2		8

Puzzle 277

	2			3				8
	4		1	8		9	5	
	7	9						
				2	6			
	1						3	
			3	4				
						6	7	
	6	3		7	2		4	
4				5			9	

Puzzle 278

				2				5
				8		9		
	5	7			3	1		4
		5					4	
	6		7		8		5	
	1					8		
2		1	4			6	9	
		6		3				
9				6				

Puzzle 279

			9		5			
		7					3	
					1	9	7	2
		4	7					9
		2	6		9	8		
6					8	2		
3	6	9	4					
	7					1		
			8		3			

Puzzle 280

		9	7			6	3	
								1
	8	2						
			5		9		4	
6		5	3		8	1		2
	1		6		7			
						2	7	
5								
	3	8			5	4		

Puzzle 281

		6						3
1				5	8			
		8	4	9			5	
					6		1	
8	3						6	2
	1		7					
	4			1	9	8		
			8	7				5
2						3		

Puzzle 282

	5			2	1	8		
	8	4						
9			5			3		
			6		9		7	5
1	3		7		5			
		1			8			2
						4	5	
		9	2	6			1	

Puzzle 283

9				4				
							2	
			7		6	1		8
	5	1		2		3		
	6	9				2	1	
		8		9		6	5	
4		6	2		7			
	3							
				8				5

Puzzle 284

8				2				
		9		1		7		
			3		8	9		
4							3	
7			5	8	2			9
	2							6
		5	9		6			
		6		7		5		
				3				8

Puzzle 285

			5					6
1					6	7		
8		2		1		4		
2		6			7			
4								9
			9			6		7
		1		6		5		3
		3	4					8
7					9			

Puzzle 286

			8	9		4		
			5	7				
5				3			1	
	1					9	5	8
	6						3	
8	2	5					6	
	3			5				2
				4	7			
		4		6	9			

Puzzle 287

6	9							
	2		3		7		6	
4			8					
5		2						
8	7		1		6		2	4
						3		5
					2			6
	6		7		3		5	
							3	9

Puzzle 288

9				8	4			
	8							
	2			9				7
	4	5			2		7	9
	6						8	
1	9		8			2	3	
3				5			6	
							1	
			1	6				5

Puzzle 289

	9			5				
3		6			2	9		8
		8						7
				9				3
1	4						9	5
7				2				
8						4		
6		5	8			1		2
				3			7	

Puzzle 290

		3	7	5	4			
8			3				9	
	6				2			
1						8	4	
		6				3		
	9	7						5
			1				2	
	1				8			4
			9	3	6	1		

Puzzle 291

8				3		1	6	
	2			5	4	3		
		9						
	6	4						
1		8				4		2
						7	9	
						6		
		6	8	7			3	
	8	1		9				5

Puzzle 292

			4			1		6
			2		8		3	7
	1			9				
						7		2
		3	5		6	4		
5		8						
				3			2	
4	5		7		1			
9		6			4			

Puzzle 293

						1	5	8
			2		3			
			6				2	
8						3		7
	9		5	2	4		8	
4		1						5
	4				6			
			9		5			
6	8	7						

Puzzle 294

6		8			1			
4					6		1	2
			7			3		
		1	9					
	2	9				1	5	
					7	2		
		4			5			
2	8		3					6
			4			8		9

Puzzle 295

				3				
	9		4			7		
	1		2	5	8		3	
1		3					5	
6								9
	8					4		7
	4		5	2	6		9	
		2			4		8	
				9				

Puzzle 296

					1		9	
	5	6				2	1	7
8		2					3	
				5			2	
		7				4		
	8			9				
	9					7		2
1	2	8				5	4	
	4		5					

Puzzle 297

5		3	8			6	7	
2			3			8	1	
4								
				4	5		3	
	9		1	6				
								5
	6	7			9			8
	4	5			6	1		3

Puzzle 298

	8			3			9	
4								
					6	1		7
1		2	9		5	4		
5								8
		7	6		1	3		5
6		3	1					
								3
	5			7			6	

Puzzle 299

		1				6		
8			6				2	
	6	5		1				
	3		9				7	2
4								5
9	8				2		1	
				5		2	4	
	5				8			7
		3				8		

Puzzle 300

9	3		5					
		6	9				8	
			4	2			1	
5	2					9		
	7						3	
		4					2	8
	1			5	2			
	8				7	4		
					1		7	6

Puzzle 301

						1	4	
								8
6			9	2				5
	2			6			3	4
7				5				2
9	1			4			5	
4				8	6			9
1								
	8	5						

Puzzle 302

4					6			1
		9					6	
5				7		8	9	
			7	4	2			
		4				2		
			6	3	8			
	4	5		8				3
	6					1		
1			9					2

Puzzle 303

		5			8	6		7
	7							3
		3		4			5	
		2	3					8
5								6
9					1	7		
	4			1		2		
6							3	
8		1	5			4		

Puzzle 304

			1	2				
	8	3					6	9
2						4		
4		9		1				7
		8				5		
5				9		1		6
		2						4
8	3					7	1	
				6	8			

Puzzle 305

				8		5	2	
		9	2			1		
					6	8		
4			7				9	
5			9		3			7
	1				4			5
		1	5					
		2			9	6		
	4	3		6				

Puzzle 306

5		6			1			
8	2			5				4
			8	3				
	1	8			5			
	9						3	
			1			9	7	
				1	2			
1				7			5	6
			3			4		8

Puzzle 307

	2	9	8					
		1	5			9		4
8	7						1	
5	9				8			
			3				2	8
	6						4	9
2		4			1	8		
					4	1	7	

Puzzle 308

4			7				1	
5		8		2		6		
6	7				8			
							5	7
			2		5			
2	9							
			1				6	4
		6		7		5		9
	3				4			2

Puzzle 309

	7	9	5			4		
			7			3		8
					4			
	1	5						
	4	8	3		2	6	9	
						2	5	
			8					
9		2			7			
		6			9	7	2	

Puzzle 310

	1				9			4
4	6				2	1		8
					3	6		
	3				8	9		
		7	6				5	
		1	7					
6		9	1				2	5
8			9				4	

Puzzle 311

1		6	9	8				
		8						
5	4				2			
	3		7	1			8	
	8						5	
	7			9	3		1	
			6				4	5
						8		
				3	4	6		1

Puzzle 312

	1				8		5	4
		5			2		3	
		3		4		8	1	
		2						
	9						6	
						1		
	4	8		2		9		
	2		1			6		
1	5		9				8	

Puzzle 313

2	3	6	7					
1					5	2	3	
				8				7
7	5	4				9	8	1
3				4				
	9	1	3					5
					9	7	6	4

Puzzle 314

	2	1			9			6
			7					
	8				4	3		
				7		1		
		6	9	2	8	5		
		4		3				
		3	1				2	
					6			
4			2			9	8	

Puzzle 315

7			4				9	
							7	2
	6			3				4
	2			4			5	8
8								3
1	7			2			6	
3				9			2	
6	1							
	4				5			7

Puzzle 316

1		2	7		4			
		5				9		
				1		3		
7					6			8
	1			4			3	
4			3					2
		4		7				
		3				6		
			9		3	8		7

Puzzle 317

					7	8	2	
		8				5		
7	1	4						
			5	3		9		
3			7		9			6
		9		6	8			
						4	7	9
		5				3		
	3	2	4					

Puzzle 318

3	6				5	9		
1	8			2			3	
				3		6		1
5			8		4			7
2		3		1				
	3			8			9	4
		9	6				7	5

Puzzle 319

	3	6			8			9
8			7		1	6		
		5		2				
					9			4
	6						8	
5			6					
				3		2		
		7	4		5			6
1			8			5	3	

Puzzle 320

		1			3			9
	4			5	6			8
						7	1	
8		2				5	7	
	7	6				9		4
	1	8						
3			5	9			2	
9			8			4		

Puzzle 321

5	4			7	3			2
				8	2	6		1
							4	
		7						8
	5						6	
4						2		
	2							
6		8	9	5				
9			1	2			8	3

Puzzle 322

6			8					
		5			4	8	9	2
			3			5		
7		6					1	
5								6
	9					4		3
		4			1			
8	2	1	7			6		
					9			4

Puzzle 323

		8		7	9			
5					2			
						8	1	5
	8					9		
1			2	6	4			7
		7					4	
9	5	3						
			3					8
			4	1		3		

Puzzle 324

				2	6	4	9	8
		8			7			
	2	4						5
3	6		7		8		4	2
7						3	1	
			3			7		
1	7	2	4	9				

Puzzle 325

				3	4	6	7	5
5								
7		4	2			3		
8			6				1	
	9				2			8
		2			9	7		1
								4
6	1	7	4	8				

Puzzle 326

	3				5		2	9
5	1				7		8	4
		8						
				3				
8		9				6		7
				6				
						1		
3	7		9				6	8
6	8		1				5	

Puzzle 327

			3			1		
		2	4			6		7
				6			2	8
	8				2			1
	5						9	
1			9				4	
9	1			8				
8		7			5	9		
		5			6			

Puzzle 328

							8	
			4		7		9	6
3				8		4		
6							3	
1	2			9			6	7
	5							1
		9		7				5
8	3		9		1			
	4							

Puzzle 329

			5			8		6
3	1	9			2	4		
				7			2	1
4		3				6		8
2	7			8				
		7	2			1	9	3
5		6			9			

Puzzle 330

	7			6				8
		9					3	5
	3		9			1		
1		8			6	9		
		3	5			2		4
		5			1		8	
3	2					6		
7				9			1	

Puzzle 331

	6		5		9			
		9		1				
	1	2	7				4	
	3						8	1
			4		2			
8	9						2	
	2				8	1	3	
				6		5		
			3		1		6	

Puzzle 332

1		3	4			8		
					9			1
		7						2
	1				4		3	7
2	4		8				1	
9						5		
7			2					
		5			3	9		6

Puzzle 333

	3	1	7		2		8	
		8						
					8		3	
5		2	3				9	
		9				5		
	4				7	2		1
	1		9					
						4		
	2		6		5	9	7	

Puzzle 334

6	8					5	9	
					4			
		2					6	7
2			5	8		6		
			9		2			
		4		7	6			2
8	5					1		
			3					
	4	1					7	3

Puzzle 335

					7			3
8	7							
	6			8	5	4		
	5	8						4
3		7				6		5
4						7	9	
		2	6	9			3	
							7	8
1			3					

Puzzle 336

2				3			1	
			6	4			7	2
7			2					
1	2	8				4		
		4				3	9	8
					4			7
6	9			8	1			
	8			9				5

Puzzle 337

6		2	7					
7						6		8
			3	5				
			5			1		4
9			8		4			2
1		6			7			
				9	8			
4		8						9
					2	4		5

Puzzle 338

3				2	6		5	
2		4				1	3	
					8			
1		9					6	
			5		7			
	8					7		9
			6					
	3	6				8		2
	5		7	4				3

Puzzle 339

		3	6			9		1
		5			1			
			3			2		
	8			6				2
	6		2		7		3	
7				8			4	
		4			6			
			4			8		
9		6			2	1		

Puzzle 340

	2		5					7
					6	2		1
							4	
2			1		7	5	8	
	3						9	
	9	5	2		8			4
	4							
5		3	8					
7					4		3	

Puzzle 341

			7	5			3	
		2			6		1	7
		6			9	2		
	9	5	3					
					7	4	2	
		8	5			9		
7	1		8			5		
	6			2	4			

Puzzle 342

	7	5	4					6
1	6					9		2
	8			6				
7			5	3	2			1
				7			9	
2		1					7	9
8					3	6	5	

Puzzle 343

9	7						2	
8				9		5	6	3
7		2	5					
		3	8		4	7		
					9	2		1
5	4	6		1				8
	3						4	9

Puzzle 344

		8			5	6	1	
5		3				7		
			7		8			
8			2					7
		2				3		
9					4			2
			9		6			
		6				8		3
	2	7	5			1		

Puzzle 345

3	5							
	4					7	6	2
	1	7	6					
				2		9		7
	8						1	
9		5		8				
					3	6	5	
5	3	1					7	
							9	8

Puzzle 346

			2		4	8		1
9				3				
		1	7		9		4	
	6				5		3	
	4		9				8	
	9		5		2	7		
				6				5
5		6	3		1			

Puzzle 347

		9	5					
		7	8				1	
	4				9	2		
		2		7		4		
8	6						3	2
		3		1		8		
		8	4				7	
	5				2	1		
					5	3		

Puzzle 348

		1		7		6		
			1				3	2
		5	3		9			
	7			2				5
3								6
1				4			8	
			2		4	8		
6	9				8			
		7		9		3		

Puzzle 349

	1		3				9	
		6	7	2			8	
	8							
8					2		4	7
		9				5		
5	3		8					2
							7	
	2			8	6	3		
	9				5		1	

Puzzle 350

						4		
3				5	4			1
		5	6	7				3
		3			1	9		2
2		9	3			8		
1				9	7	6		
6			8	4				7
		8						

Puzzle 351

		1	8		9			
5			2	6				
8	9				7			
	5					9	8	
			3		6			
	7	2					3	
			1				4	2
				4	5			3
			7		3	8		

Puzzle 352

6				5	3			9
8		1	4				5	
							8	
						2	9	
5				1				7
	9	6						
	7							
	3				6	9		1
2			7	9				8

Puzzle 353

2	5	3	9					
					6			
	6				4	1		
8		7					1	
	4	6				7	9	
	1					4		8
		8	1				5	
			7					
					5	8	4	1

Puzzle 354

	2		4					6
3			7			9		4
					8			
	3	2	1	5		6		
		6		3	4	5	8	
			5					
1		8			9			3
9					3		1	

Puzzle 355

		1			4			6
	2			8			4	1
		8			3	5		
					6			
5			9		2			4
			3					
		4	7			6		
7	1			9			8	
6			4			2		

Puzzle 356

				6	1	4		8
	7			5	9			1
7		3			8		1	
1								5
	9		2			3		7
9			7	2			4	
2		6	9	4				

Puzzle 357

5			8				3	
	2		5		3	9		
7		6						
1		5	9					
		2				8		
					1	4		5
						5		2
		7	3		8		6	
	6				7			9

Puzzle 358

9		2	6					
				8	1		4	
7						3	9	
			5		6			7
	7						3	
6			4		7			
	1	3						8
	6		8	4				
					5	9		4

Puzzle 359

4				1			6	8
	5	7	2				1	
						9		
				8			3	5
		5				1		
6	7			5				
		4						
	6				1	4	2	
8	9			2				3

Puzzle 360

			4	8	2			
	4	9				2		
					1		6	
5				4			8	7
		2				5		
3	6			7				9
	2		9					
		8				3	1	
			7	3	6			

Puzzle 361

								7
7	9		3					1
2	1		8			5		
	2	9						
		4	2		1	7		
						8	9	
		5			9		4	3
1					5		6	8
9								

Puzzle 362

							2	9
5				7	8		1	
6			3				7	
			7				9	8
			5		4			
1	9				3			
	6				2			5
	7		8	3				2
4	8							

Puzzle 363

1				8			9	2
				4				
	7	6						8
		4						5
	6	3	9		5	8	7	
9						6		
5						4	3	
				7				
4	8			3				6

Puzzle 364

6	9							7
	2							
				1	4	2		6
		3	1			8	2	5
1	4	8			5	3		
4		6	9	7				
							7	
3							5	8

Puzzle 365

			6		2			7
				8	5		9	
								5
		8	2		4	1		
		5	3		7	4		
		3	9		8	6		
2								
	9		7	4				
1			8		9			

Puzzle 366

	4	7		8	5	3		
		8		1			4	
					3			2
1	9		6					
					4		1	5
2			8					
	8			3		4		
		4	9	6		2	5	

Puzzle 367

		6					1	
		1	5					9
					4	3		2
		4		5			8	6
			7		9			
1	5			4		7		
3		5	6					
2					5	1		
	7					8		

Puzzle 368

	2		4			7		
8			6	2	3	9		
		4	9					2
							1	8
9	8							
3					1	5		
		7	8	5	6			3
		1			4		9	

Puzzle 369

1			9	2				
				7				3
7			1		6			
5	8	3					9	
	6						5	
	1					3	4	2
			5		9			7
4				8				
				6	4			9

Puzzle 370

	5					8		
					7	1		
		9	2	4				6
		3	9	8		7		
1								2
		7		6	5	3		
7				9	3	6		
		6	7					
		5					7	

Puzzle 371

		7	2		5			
		8				6		
4					6			
	3	1		8			4	
6			3		9			8
	7			4		3	5	
			1					2
		2				4		
			9		3	7		

Puzzle 372

		5					6	
7	8		4		6	5		
						1		3
				7	3			4
		7				6		
8			9	2				
2		6						
		3	1		9		2	8
	1					3		

Puzzle 373

		1	2			3		8
		3		7		6		1
		4	5					
5				9				
3								7
				6				3
					2	4		
1		9		5		8		
8		6			1	9		

Puzzle 374

8		5						9
		1	5		9		3	
						6		
5				7			2	4
9								8
2	1			4				3
		7						
	5		8		2	1		
3						4		2

Puzzle 375

		8			9			7
			8					
3		1			4			6
		6		9			3	
		7				2		
	9			1		8		
6			1			7		5
					3			
4			2			6		

Puzzle 376

	9		7				1	
3	8						5	
					8	7		2
		2			5			4
	1						8	
6			1			9		
5		6	8					
	4						3	6
	7				4		2	

Puzzle 377

8	3			7		1		
		5		6	8			7
7		9	2					
								1
			3		5			
6								
					9	2		8
5			8	1		7		
		3		4			9	5

Puzzle 378

							7	
		8	4		6	2		
						1	5	4
			5	1				
4		7	2		3	5		9
				4	8			
9	1	4						
		2	6		7	3		
	3							

Puzzle 379

		3		1	6			
		2					1	
	6		2				4	
7			8			5		9
				2				
6		1			9			4
	5				7		2	
	8					9		
			5	6		7		

Puzzle 380

	3	7			1			4
				7			1	
	6		3	8				
7	9					2		
4								8
		2					5	3
				6	2		4	
	5			4				
8			5			9	2	

Puzzle 381

		5		1	6			
6							7	
				7	5	6		2
	9		6			3		
		4				7		
		2			8		5	
7		3	9	5				
	2							1
			1	2		9		

Puzzle 382

1					9		8	
5			8			3		6
	6	9	7					
	7	6			2			
			4			7	1	
					1	8	6	
2		4			5			3
	8		9					4

Puzzle 383

							8	
				6		2	7	
3		5		2	1			
6						4	2	
	3	7				5	1	
	8	4						6
			5	3		1		4
	5	2		4				
	9							

Puzzle 384

1	3	4	7				2	5
							7	
		5	1				4	
				6	3		1	
	5		2	9				
	9				4	3		
	2							
4	7				5	9	8	2

Puzzle 385

2				6				
	5	6			7			2
	7			4			3	
	9					1	4	
			4		8			
	4	3					9	
	6			2			8	
3			1			9	2	
				7				4

Puzzle 386

1								7
			2		8			
		8	3	1				9
		6			4	7	2	
		2				6		
	9	5	8			4		
9				6	1	8		
			9		7			
3								4

Puzzle 387

		7				9	3	
			7		4		5	
9								8
		9		4			1	
2	8						9	5
	1			5		4		
8								3
	7		1		2			
	2	6				8		

Puzzle 388

		4					5	
			8		9		7	
3		6						
	2		1				3	
1		9	3		7	4		2
	7				4		6	
						2		5
	1		9		8			
	4					3		

Puzzle 389

								8
	2		6					
1		9	4	3				2
5				9			4	
2		4				5		6
	9			8				1
3				5	1	2		7
					7		5	
7								

Puzzle 390

2								
			1					3
	1		2			5		7
	3		9	2				
6	8		7		3		2	9
				6	5		7	
9		4			6		5	
1					2			
								4

Puzzle 391

4			5			6	1	
2					4	7		
	7	9						
	4			5				9
			8		7			
1				3			7	
						5	2	
		1	6					8
	8	2			5			3

Puzzle 392

8	5		6		4			7
		2		9		5		
9								
				6		4		5
		7				3		
5		8		3				
								8
		9		5		2		
6			7		3		4	1

Puzzle 393

5			6	4			9	
		9				2		
				8	2		3	
	1			7	3			
		3				5		
			4	2			6	
	9		2	6				
		4				7		
	2			9	7			1

Puzzle 394

	6	4						5
3			6				7	
					7		2	
		6	9		8	7	3	
	1	7	4		6	5		
	8		3					
	9				2			7
5						4	8	

Puzzle 395

			3			7	4	
	6		4			5		
		9						6
		2		8				3
7		1				2		8
5				7		9		
1						8		
		4			3		1	
	3	7			2			

Puzzle 396

								7
				3	1	4		9
			4		8			1
4				5		8	9	
8								6
	1	9		8				3
5			2		9			
9		2	7	6				
1								

Puzzle 397

				7			9	1
	8					5		2
			6		1			
	4		3		6		1	8
1	5		9		8		3	
			7		9			
9		2					6	
7	1			6				

Puzzle 398

	5			6			1	
	4		1		9			5
	3				2			6
5			3					9
9					4			8
8			2				4	
2			5		1		9	
	7			3			6	

Puzzle 399

5					9	2		
4	6			2		8		
	7	9	1			4		
							8	
			4		5			
	9							
		4			6	9	7	
		6		5			4	3
		3	9					5

Puzzle 400

4		2						
			3					
	6	1	5				9	2
	4	3	6		1			
		7				8		
			2		9	5	4	
2	5				4	9	8	
					8			
						2		7

Puzzle 401

			6					
				4	1	3		9
					5		6	2
	5			2	6		8	
		3				6		
	7		9	8			1	
9	8		4					
6		2	7	5				
					2			

Puzzle 402

8		4	1				6	
	3							7
					3	5		
		3		1			7	
9		5				8		3
	6			9		1		
		8	4					
6							2	
	2				1	4		8

Puzzle 403

8		2		6				
		6	3					7
	4							
	7	4			3			5
2		9				8		3
5			9			1	7	
							2	
1					9	3		
				8		5		9

Puzzle 404

		3			4			
4			1	5			2	
6							9	
				8	7		5	
	3	1				2	7	
	7		6	1				
	1							8
	6			2	9			5
			3			4		

Puzzle 405

	3			4				8
	2		7	5	6	4		
1		4						
							7	9
			5		2			
5	6							
						8		7
		8	4	7	3		2	
9				8			3	

Puzzle 406

4				7	3	1	6	
						8		
							5	2
1	4		6			9		
			3		9			
		9			1		7	3
3	8							
		5						
	2	6	8	3				5

Puzzle 407

			6	3				8
	4		5		2			
	2	6						9
	6						2	
9		1				6		5
	8						1	
3						1	8	
			1		9		3	
7				8	4			

Puzzle 408

5	9	3	2					
		2						8
						6	2	
	4				2	1	7	
			9		3			
	5	8	6				4	
	6	7						
1						7		
					1	5	6	9

Puzzle 409

5	8		2		1			
	6			8				
				5			3	
		7					9	2
	2	4				1	7	
8	3					6		
	1			6				
				3			1	
			9		4		6	5

Puzzle 410

	3	7	8	6				
9						4		1
		5						
		6		8				9
			4		7			
1				9		7		
						9		
5		8						7
				5	3	2	6	

Puzzle 411

			5	7	6		1	
1								4
					3		2	
					5		7	
	5	8	2		1	3	9	
	9		8					
	7		6					
9								7
	3		7	8	4			

Puzzle 412

		9	4				6	
								9
7		3		9		1	5	
	7	5	6					
			1		8			
					2	5	3	
	4	2		6		9		1
8								
	5				7	6		

Puzzle 413

		6					7	
		4	9	2				
						4	1	8
				1	3		2	7
		1				5		
9	2		6	4				
6	9	3						
				5	7	6		
	5					8		

Puzzle 414

6	9							4
4							9	
			4		6	2		3
	1	5			7			
			2		9			
			6			4	3	
8		6	3		5			
	4							5
9							2	1

Puzzle 415

9		1			3	8		
					7	3		
3					6		5	1
	4	3						
		7				9		
						1	7	
1	5		9					8
		6	8					
		4	2			6		9

Puzzle 416

	5	6			3			
	1	7	4					2
	9		6					
4					8		1	
	3						5	
	6		1					9
					5		2	
9					2	5	8	
			9			1	6	

Puzzle 417

			1		7	4		3
				2			1	
		3						7
	7			8	5			
		8	9		6	1		
			7	4			9	
4						3		
	2			7				
5		9	3		8			

Puzzle 418

8			1	9		4		
					7		8	
				8	6	5		
		2	4					
7	6						3	9
					8	7		
		1	7	2				
	2		9					
		6		1	4			3

Puzzle 419

8	5		2			7		9
		6						
			4	8			5	
		9	6	2				
	7						4	
				9	1	2		
	1			6	8			
						5		
6		2			5		8	1

Puzzle 420

5				3	4			6
	1				9		8	
2				5		7		
				6	1			
	6						2	
			4	9				
		7		4				3
	3		8				5	
9			5	2				7

Puzzle 421

2	8		7			5		6
	7			1				
6					2	7	3	
				5				
	3						1	
				7				
	5	6	9					7
				6			5	
9		8			7		4	2

Puzzle 422

					6	2	8	
3					8	1	5	9
2				1				
						9	3	4
9	8	3						
				9				5
4	1	6	3					7
	9	2	4					

Puzzle 423

		6		3				7
		3				6	9	
		4	8				1	
					9		8	6
	2						3	
6	8		5					
	7				4	1		
	4	8				5		
5				1		2		

Puzzle 424

	2						6	
		4		2		7		
3		8		7	9			
			4			9		
	4	6				2	5	
		9			8			
			3	6		8		7
		1		9		3		
	7						4	

Puzzle 425

			2	5				1
	5			8				2
	2	4			9			
4	3							
	6		7		2		4	
							6	8
			6			2	9	
6				2			3	
5				4	7			

Puzzle 426

6			1	4				
		3		9	5		2	
9							1	
	1							7
		2	7		8	4		
3							6	
	3							8
	9		3	5		7		
				2	4			6

Puzzle 427

		1		9			2	4
5								
	8		1		2			
9				1	7	3		
		6				2		
		5	2	3				7
			4		9		6	
								3
8	1			2		9		

Puzzle 428

	1	3	8		2			4
		5		7			6	
		4					8	
			1		6			
	2						3	
			4		8			
	6					3		
	7			6		2		
8			3		9	6	7	

Puzzle 429

				4	3	5	6	
					8		2	
3	5				1			
		2	3					7
6								9
1					2	4		
			1				5	8
	8		2					
	6	1	9	8				

Puzzle 430

				3			5	
	5					2		6
		3		1				9
9	6	7			5			1
1			4			3	9	8
5				2		7		
7		4					1	
	3			5				

Puzzle 431

				4	3			
			7	1	2			
	9	2				7		
1					5			2
	8	5				6	4	
2			4					8
		6				8	1	
			5	9	7			
			8	6				

Puzzle 432

2		7				5	9	
	5				9		1	
8				3				
		2	5				4	
6								1
	3				2	7		
				1				8
	4		3				5	
	7	3				9		6

Puzzle 433

5					2			
		4						9
2		9		8	1			
	3				5	1		
	9		7		6		4	
		2	1				6	
			5	1		9		4
3						2		
			3					7

Puzzle 434

		5		3		6		
1	6						3	
			1				4	
			6		4	8		3
		9				7		
2		8	9		3			
	1				9			
	5						6	8
		2		6		5		

Puzzle 435

	1				6			
2				9			8	
					2	6	3	
		9				3	6	
		8	1		9	5		
	2	1				4		
	8	5	3					
	6			7				4
			8				7	

Puzzle 436

	4			8	3			2
7								
	6						7	3
2		7	3		1		6	
	3		9		6	4		8
5	2						3	
								9
3			5	1			8	

Puzzle 437

5				3	4		7	
					1		6	8
						3		
7					9	6		
2		1				8		5
		8	6					2
		3						
1	2		3					
	5		9	8				1

Puzzle 438

								9
			8			4		
7	2				9			6
8				2	6		3	
4	3						5	1
	6		3	5				8
5			9				7	4
		8			5			
3								

Puzzle 439

5			6		9	2		
	2					3	8	9
							1	
		1	4		6			
	9						5	
			3		7	1		
	6							
1	3	5					9	
		4	7		2			3

Puzzle 440

	5							
4		1						
		3		9	7	6		
					5		7	8
	3	9	8		4	2	1	
5	2		3					
		6	1	3		5		
						8		2
							9	

Puzzle 441

9			1				2	4
	5					9	1	
2		6		5				
		3			8	2		
		9	7			4		
				3		6		5
	3	8					4	
4	7				2			3

Puzzle 442

		3						2
	7	9	1	4				8
4					2			
					9	6		
		8	7		4	3		
		1	3					
			4					5
7				3	6	2	4	
8						9		

Puzzle 443

		3		4				9
8	5		1			3		
		6	7					1
				5		9	3	
	6	9		2				
6					1	2		
		7			4		5	8
4				3		1		

Puzzle 444

1	9						2	
			7				6	8
		8	3		5			
6		5						
	4	3				5	9	
						1		2
			4		2	7		
3	8				1			
	2						5	1

Puzzle 445

				1			7	8
	3				7	2		4
				9	5			
8						9		
	7	9				6	4	
		1						3
			1	7				
3		6	4				2	
5	1			8				

Puzzle 446

	9	3	1					
8					6			
	6	1					5	4
			6			5		3
2								8
9		6			4			
5	7					8	2	
			9					6
					2	3	1	

Puzzle 447

		6		9	2		3	
					5	2	8	
1								
	8	5			3			
	7			2			5	
			1			3	9	
								7
	3	4	6					
	6		2	8		9		

Puzzle 448

4		2	1			9	5	
5	9				6		2	
						1		
				3			4	
8								5
	5			2				
		9						
	2		9				8	7
	4	3			7	5		1

Puzzle 449

		4		7	3	6		
			4		9	5		7
	3					7	6	
	7			1			4	
	2	5					3	
3		1	2		5			
		8	7	6		1		

Puzzle 450

	8	2					6	
						1		
					3	8	7	
3				4	7		8	1
			6		9			
9	4		3	1				2
	6	3	4					
		5						
	2					3	1	

Puzzle 451

	8		5			1		2
			8					
1							4	
9					6		1	5
		5	4		7	3		
2	7		3					9
	5							4
					3			
7		3			9		5	

Puzzle 452

9						8		
			5				1	
				3	9	2		
				1		5	8	
7	5			6			4	1
	8	3		2				
		4	3	7				
	3				2			
		9						6

Puzzle 453

		2			5			
	8				4	7	5	
7	9							
1				6				7
	4		7		8		6	
2				3				1
							4	9
	6	4	8				3	
			9			5		

Puzzle 454

					9	7		
	2			4		3		8
	6						2	
			1			8		9
8	3						6	7
5		1			7			
	7						3	
9		3		6			7	
		5	9					

Puzzle 455

	7				9			2
		4		5				8
	2			8	3			
		5						6
	4	9				5	7	
6						4		
			9	7			3	
3				2		7		
9			5				1	

Puzzle 456

			7		8		5	
			4	6		1		8
		3		5				
		5	3			2	1	
	6	9			7	3		
				1		7		
5		8		7	6			
	4		2		5			

Puzzle 457

		4	3	8				9
		5					6	8
		8			1		7	
5				7	2			
			8	4				5
	6		7			1		
4	2					7		
3				6	9	2		

Puzzle 458

				1				
	3				7	4		6
			6		2	8		
						5	8	7
4	7						1	9
6	5	9						
		1	3		5			
7		3	1				9	
				9				

Puzzle 459

			8			9		
	2		4				1	6
	4			9		2		
		1					4	
3	6						8	1
	9					5		
		8		4			3	
9	7				3		2	
		5			7			

Puzzle 460

9		1		3	7			
3	5							8
			2					
		4				6		2
		2	7		1	9		
8		5				4		
					5			
1							5	3
			9	6		1		7

Puzzle 461

2								
					1		4	
6	4	5		8			2	
				3			7	8
	2	3				4	9	
8	5			1				
	3			4		6	8	7
	1		2					
								3

Puzzle 462

					9			3
			2		6	5		1
6	3	9						
		3					7	
7	5						6	4
	2					8		
						4	3	5
3		7	5		8			
4			1					

Puzzle 463

2		4				9	7	
5						2		
1			4		7			
			2				8	
		7	8		4	5		
	1				9			
			7		3			4
		8						7
	6	5				1		3

Puzzle 464

	2		9					
3		7		1		4		
4				8		9		7
						5		
5			1		2			9
		3						
7		5		6				2
		8		5		3		1
					7		5	

Puzzle 465

	1					5		
					6		4	1
	4			2				
	9				5	4	8	
4		8				2		7
	3	1	2				5	
				4			3	
2	7		1					
		5					6	

Puzzle 466

	9							
	1			9				6
			4		2		8	
		1			3		4	9
	3		9		4		5	
9	7		5			3		
	5		6		7			
1				3			2	
							7	

Puzzle 467

		3		4			1	8
2			5					
1						9	3	
3			8					
	6		3		9		5	
					4			7
	2	8						4
					5			2
9	5			6		7		

Puzzle 468

1				9		7	6	
		4			5	9		
	5			6	3	8		7
	3						4	
8		6	2	1			3	
		2	8			4		
	6	9		5				1

Puzzle 469

5		1					6	
			4					7
					9	8	4	1
3	2				8		1	
	7		1				3	6
7	1	4	2					
2					6			
	8					2		5

Puzzle 470

		4					3	
			9				2	
		1		7	2	4		
6				8	9			
9		3				5		1
			4	3				2
		5	2	9		3		
	7				8			
	1					6		

Puzzle 471

8	1				4			
		4						6
	3					2	9	
1				9		8		
3			1		6			2
		8		4				5
	6	5					4	
7						6		
			2				3	9

Puzzle 472

3			1				6	
		9		4	8	5		
	1	7						8
9		1						
			9		6			
						7		3
6						9	5	
		3	8	7		2		
	2				9			7

Puzzle 473

	2							9
5		4			3			
						4	8	
2		3		9		7		
4			1		6			2
		7		3		5		8
	6	5						
			3			9		4
8							7	

Puzzle 474

			7		6		1	
		2					4	6
8	9							
	4	3			8		7	
6								4
	7		3			9	2	
							9	5
9	2					3		
	3		6		1			

Puzzle 475

	2		5			8		7
			4	6	2		1	
1	3	4					7	
		2				5		
	6					9	4	1
	4		6	8	5			
9		1			3		6	

Puzzle 476

		8				6		5
	2		9	6	5			
				3	1			
			5				3	6
1								2
4	3				6			
			1	9				
			3	2	8		6	
9		1				4		

Puzzle 477

					4		8	
	2	5	6			4	1	
								6
		6	4			1	9	8
2	3	4			9	6		
4								
	1	9			7	3	5	
	7		8					

Puzzle 478

8	2	5						9
							4	
4	6		9		3			
	5			2			9	1
1	8			7			2	
			4		9		7	5
	1							
5						4	8	3

Puzzle 479

3		8				6		
	6						8	5
			8	2				4
					4			
	7	5	1		8	4	9	
			6					
2				9	3			
5	4						7	
		1				3		8

Puzzle 480

			7					
			4	5	9	7		3
	4						6	
4	7				8	6		
2								9
		8	6				1	2
	1						2	
8		3	5	7	1			
					3			

Puzzle 481

							4	9
2				7		6		
	6	7		3			5	
					6	3		
7			9		3			8
		5	4					
	1			8		9	6	
		2		4				1
6	4							

Puzzle 482

	9	6			2		4	
2				6				1
					5		9	
	8			2			5	
		1				8		
	3			7			2	
	4		8					
9				3				6
	6		9			7	3	

Puzzle 483

	4			6				8
			2					
	7		4		1			
2					5			9
6	1	8				7	5	4
5			6					3
			8		3		2	
					7			
9				2			1	

Puzzle 484

							1	6
7				8	1			3
1	4							
		1		6		8		
	5						4	
		9		5		7		
							7	8
2			9	7				1
3	1							

Puzzle 485

				7		3		2
7			8		9		5	
						7		8
		4	7					
	6	7				1	3	
					2	5		
5		6						
	9		5		8			6
4		1		6				

Puzzle 486

			1					4
4	6				3	7		
		7	5			1		
	9	6			2			5
3			9			4	8	
		5			7	6		
		8	4				7	3
2					8			

Puzzle 487

							8	7
9				1			2	
6			7		2	3		
			5	7				4
			2		3			
1				9	6			
		7	9		8			6
	8			3				9
5	2							

Puzzle 488

9			1		5	2		
	4	6				5		
								3
			7		6		8	5
4								2
7	8		3		4			
2								
		8				3	9	
		1	5		9			6

Puzzle 489

		5	2	8	9			
8	6				5			
1								
			3			9		5
3			5		1			7
5		7			8			
								1
			4				9	6
			8	3	2	7		

Puzzle 490

9						5	8	
			8				2	
			5					6
6			3			8		9
		3	1		5	6		
4		9			2			1
8					3			
	4				7			
	2	1						5

Puzzle 491

2				8		3		
	8	9		6		1		
					5	6		
3			2		7			
		1				5		
			6		4			1
		6	9					
		4		2		9	5	
		3		4				6

Puzzle 492

	8		6			9	3	
4					9			
2		6						
		7		6			2	4
			1		7			
9	1			5		6		
						7		8
			5					6
	6	1			4		5	

Puzzle 493

2					3			
		8			7	2		4
			9	5				
4						1		9
7	5						4	3
9		2						5
				4	8			
5		9	3			4		
			1					2

Puzzle 494

	2				3	7		8
4			1				6	2
		9		2				
				7			5	
			4		1			
	6			8				
				9		3		
7	9				4			6
3		4	6				2	

Puzzle 495

8								3
		5	7				6	
			9	8	6			
		2		6			7	
	3	1				8	5	
	9			4		1		
			8	5	7			
	6				4	7		
5								1

Puzzle 496

	7	5		9				
		8					2	1
		1			3	4	5	
			6			3	8	
	8	3			2			
	5	4	3			8		
9	1					5		
				6		9	7	

Puzzle 497

2	5						9	4
	3					2		
					7			
4			3	6			5	
6			9		5			8
	1			2	8			7
			7					
		9					3	
8	4						7	9

Puzzle 498

6			4		5		8	
8							5	6
		1		8				
		4			2			
		9	7		1	2		
			3			6		
				1		5		
5	3							8
	4		2		9			7

Puzzle 499

	4						1	
		2	7		1			8
	5			2		3		
	2			9	7			5
5			3	8			2	
		9		5			4	
3			1		4	6		
	1						3	

Puzzle 500

		1			7			6
	8			3				
		4		2	1		7	9
	2			4			1	
	6			1			5	
6	5		9	7		1		
				5			3	
8			2			4		

Puzzle 501

6			4					3
	7					1		
			3				6	
		6		5	3			7
3	1						5	8
7			6	2		4		
	3				6			
		5					2	
9					4			1

Puzzle 502

9	2			4		8		
1							2	
7		4		5	6			
			1					6
		2				9		
3					8			
			7	8		6		9
	6							3
		3		6			8	5

Puzzle 503

						4		
	5	2			8			
	9				4		2	5
6				4	9	3		7
1		4	5	3				6
9	8		4				5	
			1			7	8	
		6						

Puzzle 504

		6						
	7				8	6	4	
9			7					
		3	8				5	6
7	9						3	2
6	2				5	1		
					2			9
	1	7	5				8	
						7		

Solution 01

1	5	4	7	8	3	6	9	2
8	6	2	4	5	9	3	1	7
7	3	9	2	1	6	5	4	8
5	9	6	3	4	8	7	2	1
4	2	1	9	6	7	8	5	3
3	7	8	1	2	5	9	6	4
2	8	7	6	9	4	1	3	5
9	4	5	8	3	1	2	7	6
6	1	3	5	7	2	4	8	9

Solution 02

2	1	7	4	8	6	9	5	3
5	3	8	1	7	9	2	6	4
6	4	9	5	2	3	1	8	7
9	7	2	8	4	1	5	3	6
8	5	4	3	6	2	7	9	1
1	6	3	7	9	5	4	2	8
7	2	6	9	3	4	8	1	5
4	9	1	6	5	8	3	7	2
3	8	5	2	1	7	6	4	9

Solution 03

6	7	3	8	4	2	5	1	9
5	8	9	1	3	7	6	4	2
4	1	2	6	9	5	8	3	7
3	5	7	4	1	8	9	2	6
9	6	1	2	5	3	4	7	8
2	4	8	7	6	9	3	5	1
8	3	4	9	7	1	2	6	5
7	2	6	5	8	4	1	9	3
1	9	5	3	2	6	7	8	4

Solution 04

6	8	9	5	4	2	7	3	1
1	7	4	8	3	9	5	6	2
5	3	2	6	1	7	8	4	9
4	9	7	3	8	6	2	1	5
2	6	3	9	5	1	4	7	8
8	1	5	2	7	4	3	9	6
9	2	8	4	6	3	1	5	7
3	5	1	7	9	8	6	2	4
7	4	6	1	2	5	9	8	3

Solution 05

2	4	5	9	1	6	7	3	8
7	1	3	5	8	2	6	9	4
6	8	9	7	3	4	1	2	5
4	6	1	2	5	8	3	7	9
5	3	8	6	9	7	4	1	2
9	7	2	3	4	1	5	8	6
1	9	6	4	2	3	8	5	7
3	5	7	8	6	9	2	4	1
8	2	4	1	7	5	9	6	3

Solution 06

2	8	4	7	6	3	5	1	9
6	3	7	1	9	5	8	2	4
9	1	5	2	4	8	6	3	7
7	5	1	6	3	9	2	4	8
8	4	6	5	7	2	3	9	1
3	2	9	4	8	1	7	6	5
5	7	2	3	1	4	9	8	6
4	6	8	9	2	7	1	5	3
1	9	3	8	5	6	4	7	2

Solution 07

9	4	2	1	5	3	8	7	6
6	8	3	7	2	9	5	4	1
1	7	5	6	8	4	3	2	9
8	5	9	2	1	6	7	3	4
2	3	7	9	4	5	1	6	8
4	1	6	3	7	8	2	9	5
5	2	4	8	6	7	9	1	3
3	6	1	5	9	2	4	8	7
7	9	8	4	3	1	6	5	2

Solution 08

1	2	3	8	4	6	7	5	9
5	9	6	1	3	7	2	4	8
7	4	8	9	5	2	6	3	1
8	7	1	4	6	9	5	2	3
3	6	2	7	1	5	9	8	4
9	5	4	2	8	3	1	7	6
6	8	5	3	2	1	4	9	7
2	3	7	6	9	4	8	1	5
4	1	9	5	7	8	3	6	2

Solution 09

4	1	9	5	2	6	3	7	8
7	5	8	3	1	9	4	6	2
3	6	2	4	7	8	5	1	9
6	7	3	2	8	5	1	9	4
9	2	4	6	3	1	8	5	7
1	8	5	9	4	7	6	2	3
8	4	7	1	5	2	9	3	6
5	3	6	7	9	4	2	8	1
2	9	1	8	6	3	7	4	5

Solution 10

6	5	7	8	4	1	9	3	2
3	8	1	5	9	2	7	4	6
4	2	9	7	6	3	1	5	8
2	9	5	4	1	7	6	8	3
8	7	4	3	5	6	2	1	9
1	3	6	9	2	8	4	7	5
7	4	8	6	3	9	5	2	1
9	1	3	2	7	5	8	6	4
5	6	2	1	8	4	3	9	7

Solution 11

4	3	7	9	2	5	8	1	6
2	5	6	4	8	1	3	7	9
8	9	1	7	3	6	2	4	5
1	6	2	5	4	9	7	3	8
5	4	9	8	7	3	1	6	2
3	7	8	1	6	2	5	9	4
6	1	3	2	5	4	9	8	7
9	8	5	6	1	7	4	2	3
7	2	4	3	9	8	6	5	1

Solution 12

1	7	2	3	4	6	9	8	5
9	5	4	7	1	8	2	6	3
3	6	8	2	9	5	1	4	7
8	1	6	9	5	4	3	7	2
4	3	5	1	7	2	6	9	8
7	2	9	8	6	3	5	1	4
5	8	1	6	3	7	4	2	9
6	4	7	5	2	9	8	3	1
2	9	3	4	8	1	7	5	6

Solution 13

1	9	3	8	6	2	7	4	5
6	5	7	4	1	3	2	8	9
8	4	2	7	5	9	3	1	6
9	1	4	6	8	7	5	2	3
5	7	6	2	3	4	1	9	8
2	3	8	1	9	5	6	7	4
7	6	9	5	2	8	4	3	1
4	8	1	3	7	6	9	5	2
3	2	5	9	4	1	8	6	7

Solution 14

7	5	4	3	9	6	2	8	1
2	6	1	8	5	4	9	3	7
8	3	9	1	2	7	5	6	4
6	2	3	4	7	8	1	5	9
4	1	5	2	6	9	8	7	3
9	7	8	5	3	1	4	2	6
1	8	6	7	4	2	3	9	5
5	9	2	6	1	3	7	4	8
3	4	7	9	8	5	6	1	2

Solution 15

5	7	2	3	1	4	9	6	8
4	3	6	7	8	9	2	5	1
1	8	9	2	6	5	3	4	7
9	6	8	4	7	3	1	2	5
3	4	5	9	2	1	8	7	6
2	1	7	6	5	8	4	9	3
6	5	3	1	4	2	7	8	9
7	9	4	8	3	6	5	1	2
8	2	1	5	9	7	6	3	4

Solution 16

9	4	5	2	7	3	6	1	8
3	1	6	9	5	8	7	2	4
8	7	2	1	4	6	9	5	3
6	8	3	7	2	5	4	9	1
1	2	7	4	6	9	3	8	5
4	5	9	3	8	1	2	6	7
7	6	1	5	3	2	8	4	9
2	9	4	8	1	7	5	3	6
5	3	8	6	9	4	1	7	2

Solution 17

6	1	5	9	2	3	8	7	4
9	7	8	1	5	4	2	3	6
3	2	4	6	7	8	9	1	5
2	4	3	7	1	5	6	8	9
5	9	6	8	3	2	7	4	1
7	8	1	4	9	6	3	5	2
4	5	7	2	8	9	1	6	3
1	6	2	3	4	7	5	9	8
8	3	9	5	6	1	4	2	7

Solution 18

9	6	3	8	2	1	7	4	5
4	5	8	7	3	9	1	6	2
7	2	1	4	6	5	9	8	3
5	8	2	3	4	7	6	9	1
3	4	9	2	1	6	8	5	7
6	1	7	5	9	8	2	3	4
1	7	4	9	8	3	5	2	6
2	9	5	6	7	4	3	1	8
8	3	6	1	5	2	4	7	9

Solution 19

8	2	1	3	9	5	4	6	7
7	5	6	4	2	8	3	1	9
4	9	3	6	1	7	5	8	2
6	1	4	2	3	9	8	7	5
2	7	8	5	4	6	9	3	1
5	3	9	8	7	1	6	2	4
9	8	2	7	6	4	1	5	3
3	4	5	1	8	2	7	9	6
1	6	7	9	5	3	2	4	8

Solution 20

3	1	4	5	7	6	8	2	9
8	9	2	1	3	4	6	5	7
6	7	5	2	9	8	4	3	1
4	3	1	9	2	7	5	6	8
5	2	9	8	6	3	7	1	4
7	6	8	4	1	5	3	9	2
1	8	7	3	5	2	9	4	6
9	4	3	6	8	1	2	7	5
2	5	6	7	4	9	1	8	3

Solution 21

4	7	8	6	3	9	5	1	2
3	5	2	1	4	8	6	9	7
6	1	9	2	5	7	4	8	3
5	2	1	9	6	4	7	3	8
8	3	6	5	7	2	1	4	9
7	9	4	3	8	1	2	5	6
1	4	7	8	2	3	9	6	5
2	8	5	4	9	6	3	7	1
9	6	3	7	1	5	8	2	4

Solution 22

7	9	6	2	1	3	8	5	4
5	1	8	9	6	4	7	2	3
2	3	4	5	8	7	9	1	6
4	7	5	8	9	2	3	6	1
6	8	9	1	3	5	4	7	2
3	2	1	7	4	6	5	8	9
8	5	3	6	2	9	1	4	7
1	4	2	3	7	8	6	9	5
9	6	7	4	5	1	2	3	8

Solution 23

6	7	3	1	2	4	5	9	8
4	2	9	8	3	5	6	1	7
1	8	5	6	9	7	4	2	3
8	4	2	3	5	6	1	7	9
5	3	1	7	4	9	8	6	2
9	6	7	2	1	8	3	4	5
2	1	8	4	7	3	9	5	6
7	5	6	9	8	1	2	3	4
3	9	4	5	6	2	7	8	1

Solution 24

3	1	6	7	2	9	4	8	5
5	9	2	6	8	4	3	7	1
4	8	7	1	3	5	2	9	6
1	7	8	4	9	3	6	5	2
6	3	4	2	5	7	9	1	8
2	5	9	8	1	6	7	3	4
8	6	5	9	7	2	1	4	3
9	2	3	5	4	1	8	6	7
7	4	1	3	6	8	5	2	9

Solution 25

4	6	9	3	1	7	8	2	5
3	7	1	2	8	5	4	9	6
2	5	8	9	6	4	3	1	7
7	3	5	6	4	9	2	8	1
6	9	4	1	2	8	5	7	3
8	1	2	5	7	3	9	6	4
9	4	7	8	5	6	1	3	2
5	2	3	7	9	1	6	4	8
1	8	6	4	3	2	7	5	9

Solution 26

8	6	4	7	1	3	9	2	5
3	2	9	8	4	5	1	7	6
1	7	5	6	2	9	3	4	8
2	8	7	9	3	6	4	5	1
9	5	6	4	7	1	2	8	3
4	3	1	2	5	8	6	9	7
5	1	8	3	9	4	7	6	2
7	4	3	5	6	2	8	1	9
6	9	2	1	8	7	5	3	4

Solution 27

5	2	1	8	3	6	7	9	4
4	7	6	2	9	5	3	8	1
8	3	9	7	4	1	5	6	2
2	9	4	1	8	3	6	5	7
1	5	3	6	7	2	9	4	8
7	6	8	9	5	4	1	2	3
3	1	5	4	2	9	8	7	6
9	8	2	3	6	7	4	1	5
6	4	7	5	1	8	2	3	9

Solution 28

1	8	9	4	7	3	6	5	2
7	5	6	9	1	2	4	3	8
4	2	3	5	6	8	7	1	9
5	6	7	2	4	1	9	8	3
2	9	4	3	8	5	1	7	6
8	3	1	7	9	6	2	4	5
9	7	2	8	5	4	3	6	1
6	4	8	1	3	9	5	2	7
3	1	5	6	2	7	8	9	4

Solution 29

1	4	6	2	8	9	3	5	7
7	3	8	1	6	5	9	2	4
9	5	2	4	3	7	6	8	1
4	2	7	6	5	1	8	3	9
3	1	9	7	2	8	4	6	5
6	8	5	9	4	3	7	1	2
2	9	1	3	7	6	5	4	8
8	6	4	5	9	2	1	7	3
5	7	3	8	1	4	2	9	6

Solution 30

Solution 31

3	6	9	2	8	7	5	1	4
7	2	4	9	5	1	3	8	6
1	5	8	4	6	3	2	9	7
9	7	2	8	3	6	1	4	5
6	8	1	5	2	4	7	3	9
5	4	3	7	1	9	6	2	8
8	9	6	1	7	2	4	5	3
2	3	5	6	4	8	9	7	1
4	1	7	3	9	5	8	6	2

Solution 31

6	4	1	9	8	3	7	5	2
2	7	9	1	4	5	8	3	6
5	8	3	2	6	7	1	4	9
3	6	8	7	1	4	2	9	5
7	1	5	3	2	9	6	8	4
9	2	4	6	5	8	3	7	1
1	5	7	4	3	6	9	2	8
4	3	2	8	9	1	5	6	7
8	9	6	5	7	2	4	1	3

Solution 32

3	8	6	9	7	2	5	4	1
4	2	9	6	5	1	3	8	7
5	7	1	3	4	8	6	9	2
9	5	8	4	2	7	1	6	3
6	3	7	1	8	9	2	5	4
2	1	4	5	6	3	9	7	8
1	6	2	7	9	4	8	3	5
7	9	3	8	1	5	4	2	6
8	4	5	2	3	6	7	1	9

Solution 33

4	2	8	3	1	5	7	6	9
9	1	6	7	4	8	3	5	2
3	5	7	9	6	2	1	8	4
5	4	1	8	9	6	2	3	7
2	6	9	1	7	3	5	4	8
8	7	3	2	5	4	6	9	1
6	8	5	4	2	1	9	7	3
7	3	2	5	8	9	4	1	6
1	9	4	6	3	7	8	2	5

Solution 34

4	9	3	7	5	2	6	1	8
1	2	5	4	6	8	3	7	9
7	8	6	3	9	1	2	5	4
9	3	8	5	7	6	1	4	2
2	4	1	9	8	3	7	6	5
5	6	7	1	2	4	8	9	3
6	5	4	8	3	7	9	2	1
3	7	9	2	1	5	4	8	6
8	1	2	6	4	9	5	3	7

Solution 35

2	4	8	7	6	1	5	3	9
7	6	3	4	5	9	1	8	2
9	5	1	2	3	8	4	6	7
6	9	2	8	4	3	7	5	1
3	7	5	1	9	2	8	4	6
1	8	4	6	7	5	2	9	3
8	1	9	3	2	4	6	7	5
5	2	7	9	8	6	3	1	4
4	3	6	5	1	7	9	2	8

Solution 36

Solution 38

1	4	9	2	6	5	3	8	7
3	6	7	8	1	4	5	9	2
8	5	2	3	9	7	6	4	1
6	8	4	1	5	9	2	7	3
5	7	1	4	3	2	9	6	8
9	2	3	7	8	6	1	5	4
7	1	6	5	2	8	4	3	9
4	3	5	9	7	1	8	2	6
2	9	8	6	4	3	7	1	5

Solution 37

2	9	3	8	4	5	1	6	7
6	7	1	9	2	3	4	5	8
5	8	4	1	6	7	9	2	3
9	4	8	2	5	1	3	7	6
7	3	5	6	8	4	2	1	9
1	6	2	3	7	9	5	8	4
4	2	6	5	3	8	7	9	1
8	1	7	4	9	2	6	3	5
3	5	9	7	1	6	8	4	2

Solution38 Solution 41

5	9	3	4	1	2	6	7	8
1	2	7	5	8	6	4	9	3
4	8	6	3	7	9	2	5	1
2	5	4	6	3	8	9	1	7
3	6	8	7	9	1	5	4	2
7	1	9	2	4	5	8	3	6
9	3	2	8	5	7	1	6	4
6	7	5	1	2	4	3	8	9
8	4	1	9	6	3	7	2	5

Solution 39

3	5	9	7	4	2	6	1	8
1	8	2	3	5	6	7	9	4
7	4	6	1	8	9	2	3	5
5	2	4	6	1	3	9	8	7
8	3	1	4	9	7	5	6	2
6	9	7	5	2	8	1	4	3
4	7	8	2	6	1	3	5	9
2	6	5	9	3	4	8	7	1
9	1	3	8	7	5	4	2	6

Solution 40

8	3	2	9	5	1	7	6	4
7	4	6	3	8	2	1	9	5
1	5	9	6	7	4	2	8	3
2	9	1	8	4	5	3	7	6
6	7	5	1	9	3	4	2	8
4	8	3	7	2	6	9	5	1
5	1	4	2	6	7	8	3	9
9	6	7	4	3	8	5	1	2
3	2	8	5	1	9	6	4	7

Solution 41

7	3	4	5	9	1	2	6	8
1	8	6	2	3	7	5	9	4
9	2	5	8	4	6	1	7	3
2	5	9	3	6	8	7	4	1
3	4	8	1	7	9	6	2	5
6	1	7	4	5	2	8	3	9
8	6	2	9	1	4	3	5	7
5	9	1	7	2	3	4	8	6
4	7	3	6	8	5	9	1	2

Solution 42

1	8	7	6	3	5	4	2	9
9	3	2	1	4	8	6	7	5
4	6	5	7	9	2	3	1	8
6	4	3	2	8	7	9	5	1
5	2	8	3	1	9	7	4	6
7	1	9	4	5	6	2	8	3
2	9	1	8	6	4	5	3	7
3	7	6	5	2	1	8	9	4
8	5	4	9	7	3	1	6	2

Solution 43

1	2	3	8	7	4	6	9	5
6	5	9	2	3	1	8	4	7
8	7	4	6	9	5	3	1	2
3	8	5	9	2	7	1	6	4
7	4	2	3	1	6	9	5	8
9	1	6	4	5	8	7	2	3
2	6	7	1	4	3	5	8	9
5	9	1	7	8	2	4	3	6
4	3	8	5	6	9	2	7	1

Solution 44

2	8	7	4	1	5	6	9	3
3	1	6	2	9	7	8	4	5
5	4	9	3	6	8	7	2	1
4	6	8	9	3	1	2	5	7
7	2	5	6	8	4	1	3	9
1	9	3	7	5	2	4	8	6
9	5	4	1	2	6	3	7	8
6	3	2	8	7	9	5	1	4
8	7	1	5	4	3	9	6	2

Solution 45

4	3	8	5	1	2	6	9	7
6	9	1	3	7	8	5	4	2
5	2	7	6	4	9	8	3	1
1	5	2	4	6	3	9	7	8
9	6	4	8	5	7	1	2	3
8	7	3	2	9	1	4	6	5
7	8	9	1	2	6	3	5	4
2	1	5	9	3	4	7	8	6
3	4	6	7	8	5	2	1	9

Solution 46

1	6	9	2	7	3	8	5	4
7	8	5	6	9	4	3	1	2
4	2	3	5	8	1	9	6	7
8	9	1	3	5	7	4	2	6
6	5	4	1	2	9	7	3	8
2	3	7	8	4	6	1	9	5
5	7	6	9	3	8	2	4	1
9	1	8	4	6	2	5	7	3
3	4	2	7	1	5	6	8	9

Solution 47

5	4	1	8	2	9	6	3	7
2	3	9	5	7	6	8	4	1
6	7	8	4	1	3	5	9	2
7	2	5	6	4	8	3	1	9
9	1	4	2	3	5	7	8	6
3	8	6	7	9	1	2	5	4
8	6	2	1	5	4	9	7	3
1	5	3	9	6	7	4	2	8
4	9	7	3	8	2	1	6	5

Solution 48

3	6	4	7	1	2	8	9	5
5	9	7	6	4	8	1	2	3
2	1	8	3	9	5	4	6	7
8	4	5	9	3	1	2	7	6
1	3	6	8	2	7	9	5	4
9	7	2	5	6	4	3	8	1
7	5	1	4	8	9	6	3	2
4	8	3	2	7	6	5	1	9
6	2	9	1	5	3	7	4	8

Solution 49

9	4	3	7	2	8	1	5	6
6	2	1	3	4	5	9	7	8
7	5	8	6	9	1	4	3	2
2	6	4	9	3	7	8	1	5
8	3	9	5	1	2	7	6	4
1	7	5	8	6	4	2	9	3
3	1	7	4	8	6	5	2	9
4	9	2	1	5	3	6	8	7
5	8	6	2	7	9	3	4	1

Solution 50

Solution 51

2	8	1	4	9	5	7	3	6
4	6	5	3	8	7	2	9	1
7	9	3	2	6	1	5	8	4
5	2	4	7	3	6	8	1	9
8	7	6	5	1	9	3	4	2
1	3	9	8	4	2	6	5	7
6	4	2	1	5	3	9	7	8
3	1	7	9	2	8	4	6	5
9	5	8	6	7	4	1	2	3

Solution 51

7	1	2	9	6	4	5	8	3
5	3	8	7	1	2	4	6	9
4	6	9	3	5	8	2	1	7
3	4	5	1	8	6	9	7	2
9	2	1	4	3	7	6	5	8
6	8	7	2	9	5	3	4	1
8	5	3	6	7	9	1	2	4
2	9	6	8	4	1	7	3	5
1	7	4	5	2	3	8	9	6

Solution 52

7	4	9	5	6	2	8	1	3
8	6	5	3	9	1	2	4	7
1	2	3	4	7	8	9	6	5
6	8	4	9	3	7	5	2	1
3	9	1	8	2	5	6	7	4
2	5	7	6	1	4	3	8	9
9	7	6	2	4	3	1	5	8
5	1	2	7	8	9	4	3	6
4	3	8	1	5	6	7	9	2

Solution 53

4	2	6	3	1	7	5	9	8
9	8	7	2	4	5	1	6	3
3	1	5	8	6	9	4	2	7
8	4	9	5	2	3	7	1	6
2	5	3	6	7	1	9	8	4
7	6	1	9	8	4	3	5	2
1	3	8	7	9	6	2	4	5
5	9	2	4	3	8	6	7	1
6	7	4	1	5	2	8	3	9

Solution 54

2	1	5	4	6	8	3	7	9
4	7	9	1	2	3	8	5	6
3	8	6	9	5	7	2	1	4
9	4	8	3	1	2	5	6	7
5	3	2	7	4	6	1	9	8
7	6	1	8	9	5	4	3	2
6	5	4	2	3	9	7	8	1
1	9	7	5	8	4	6	2	3
8	2	3	6	7	1	9	4	5

Solution 55

8	3	9	4	1	6	5	2	7
1	7	4	8	5	2	6	3	9
2	6	5	7	9	3	1	4	8
4	1	3	6	7	5	9	8	2
5	2	7	9	4	8	3	1	6
6	9	8	2	3	1	4	7	5
3	5	2	1	8	9	7	6	4
9	4	6	3	2	7	8	5	1
7	8	1	5	6	4	2	9	3

Solution 56

Solution

7	9	1	5	3	2	8	4	6
2	3	5	6	4	8	7	1	9
6	8	4	9	1	7	5	2	3
3	2	6	4	7	1	9	5	8
4	5	9	8	2	6	1	3	7
1	7	8	3	9	5	2	6	4
9	1	2	7	6	3	4	8	5
8	4	3	2	5	9	6	7	1
5	6	7	1	8	4	3	9	2

Solution 57

9	4	3	5	2	8	6	7	1
6	2	1	9	4	7	3	5	8
7	8	5	6	1	3	9	2	4
1	9	2	3	6	4	7	8	5
3	5	6	7	8	2	1	4	9
8	7	4	1	5	9	2	6	3
4	1	9	2	7	5	8	3	6
5	6	7	8	3	1	4	9	2
2	3	8	4	9	6	5	1	7

Solution 58

Solution 58

9	3	7	1	6	2	5	8	4
4	6	8	5	3	7	2	9	1
1	5	2	4	9	8	3	6	7
3	8	1	6	7	9	4	5	2
7	9	4	2	1	5	6	3	8
5	2	6	3	8	4	1	7	9
8	1	5	9	4	3	7	2	6
2	4	9	7	5	6	8	1	3
6	7	3	8	2	1	9	4	5

Solution 59

6	7	9	2	8	4	3	1	5
5	3	8	1	9	6	2	7	4
1	2	4	3	7	5	8	9	6
4	6	1	7	2	8	5	3	9
3	9	7	6	5	1	4	2	8
8	5	2	4	3	9	7	6	1
2	4	6	8	1	3	9	5	7
9	8	3	5	6	7	1	4	2
7	1	5	9	4	2	6	8	3

Solution 60

5	2	3	4	9	8	1	7	6
1	8	4	3	7	6	9	5	2
9	6	7	2	1	5	3	4	8
8	1	5	7	3	2	6	9	4
2	3	6	8	4	9	5	1	7
7	4	9	6	5	1	8	2	3
4	5	8	9	6	7	2	3	1
3	9	2	1	8	4	7	6	5
6	7	1	5	2	3	4	8	9

Solution 61

7	8	9	4	5	2	3	6	1
1	2	3	6	8	9	7	5	4
6	5	4	1	7	3	8	2	9
4	6	7	5	9	8	1	3	2
5	1	8	3	2	4	6	9	7
3	9	2	7	1	6	4	8	5
2	3	1	8	4	5	9	7	6
8	4	5	9	6	7	2	1	3
9	7	6	2	3	1	5	4	8

Solution 62

8	2	3	4	9	6	5	7	1
1	7	6	8	3	5	4	9	2
5	9	4	1	2	7	8	6	3
9	5	7	6	4	3	1	2	8
3	6	1	5	8	2	9	4	7
4	8	2	7	1	9	3	5	6
7	4	9	3	6	8	2	1	5
6	1	8	2	5	4	7	3	9
2	3	5	9	7	1	6	8	4

Solution 63

8	3	4	1	7	9	6	5	2
5	6	2	3	4	8	7	9	1
9	7	1	6	2	5	4	8	3
3	4	5	8	6	2	1	7	9
2	8	9	7	3	1	5	4	6
7	1	6	5	9	4	2	3	8
4	9	8	2	1	7	3	6	5
1	5	3	4	8	6	9	2	7
6	2	7	9	5	3	8	1	4

Solution 64

4	5	8	2	1	6	3	9	7
1	9	7	5	4	3	8	2	6
2	6	3	7	9	8	4	1	5
3	4	5	1	7	2	6	8	9
9	8	1	4	6	5	2	7	3
6	7	2	8	3	9	5	4	1
7	2	6	3	8	1	9	5	4
5	3	4	9	2	7	1	6	8
8	1	9	6	5	4	7	3	2

Solution 65

2	6	9	3	5	4	8	1	7
4	3	1	2	8	7	6	5	9
5	7	8	1	9	6	3	2	4
8	9	5	6	2	3	4	7	1
6	4	3	9	7	1	2	8	5
7	1	2	5	4	8	9	6	3
3	2	4	8	1	5	7	9	6
1	8	7	4	6	9	5	3	2
9	5	6	7	3	2	1	4	8

Solution 66

1	4	8	3	5	9	2	7	6
7	6	3	2	4	8	5	1	9
9	5	2	1	7	6	3	4	8
8	2	7	9	3	4	1	6	5
3	9	4	5	6	1	8	2	7
6	1	5	7	8	2	9	3	4
5	8	1	4	2	7	6	9	3
4	3	9	6	1	5	7	8	2
2	7	6	8	9	3	4	5	1

Solution 67

8	4	7	3	5	1	6	9	2
1	2	3	7	9	6	5	8	4
5	6	9	2	8	4	3	1	7
7	9	1	5	3	2	4	6	8
2	5	8	4	6	9	1	7	3
4	3	6	8	1	7	9	2	5
6	7	4	1	2	5	8	3	9
3	1	2	9	4	8	7	5	6
9	8	5	6	7	3	2	4	1

Solution 68

9	5	3	4	2	1	8	6	7
1	4	8	5	7	6	3	2	9
6	7	2	9	3	8	5	1	4
7	2	4	8	6	3	9	5	1
5	9	1	7	4	2	6	8	3
8	3	6	1	5	9	4	7	2
3	1	7	6	9	5	2	4	8
2	8	5	3	1	4	7	9	6
4	6	9	2	8	7	1	3	5

Solution 69

2	7	5	1	6	3	8	9	4
6	3	4	7	9	8	5	1	2
9	1	8	4	2	5	6	7	3
1	5	9	6	4	7	3	2	8
4	2	6	3	8	9	7	5	1
7	8	3	5	1	2	9	4	6
5	9	1	2	3	6	4	8	7
8	6	2	9	7	4	1	3	5
3	4	7	8	5	1	2	6	9

Solution 70

Solution 71

7	8	3	6	5	4	1	2	9
2	6	4	9	3	1	5	7	8
5	1	9	2	7	8	6	3	4
3	4	6	8	2	7	9	5	1
9	7	5	4	1	6	3	8	2
8	2	1	3	9	5	4	6	7
6	5	8	1	4	2	7	9	3
1	3	2	7	6	9	8	4	5
4	9	7	5	8	3	2	1	6

Solution 71

3	9	2	8	5	4	6	1	7
4	8	5	6	7	1	9	2	3
1	7	6	2	3	9	8	5	4
2	1	7	9	6	3	4	8	5
9	4	8	5	2	7	1	3	6
6	5	3	1	4	8	2	7	9
7	3	1	4	8	6	5	9	2
5	6	9	7	1	2	3	4	8
8	2	4	3	9	5	7	6	1

Solution 72

4	8	9	1	6	3	7	5	2
1	2	7	5	4	9	3	8	6
3	6	5	2	8	7	1	4	9
2	3	1	7	5	4	9	6	8
9	4	8	3	2	6	5	7	1
5	7	6	9	1	8	2	3	4
7	9	4	6	3	1	8	2	5
6	1	2	8	7	5	4	9	3
8	5	3	4	9	2	6	1	7

Solution 73

5	8	7	4	1	6	9	3	2
2	6	4	8	3	9	7	5	1
1	9	3	5	2	7	4	6	8
8	7	2	1	5	3	6	9	4
6	3	9	7	8	4	2	1	5
4	1	5	9	6	2	8	7	3
3	4	1	6	7	8	5	2	9
9	5	6	2	4	1	3	8	7
7	2	8	3	9	5	1	4	6

Solution 74

8	3	9	2	5	7	6	1	4
6	1	4	9	8	3	5	2	7
5	2	7	4	6	1	9	8	3
1	5	2	3	9	8	4	7	6
7	4	3	1	2	6	8	9	5
9	8	6	5	7	4	2	3	1
2	9	1	6	3	5	7	4	8
4	6	8	7	1	2	3	5	9
3	7	5	8	4	9	1	6	2

Solution 75

7	1	6	4	5	3	8	2	9
8	2	3	9	7	1	6	5	4
5	4	9	6	2	8	7	3	1
9	7	4	3	8	5	1	6	2
6	8	5	2	1	4	9	7	3
1	3	2	7	9	6	4	8	5
4	6	1	8	3	2	5	9	7
3	9	8	5	4	7	2	1	6
2	5	7	1	6	9	3	4	8

Solution 76

Solution 77

3	2	4	5	7	8	9	6	1
1	7	8	4	6	9	3	2	5
5	9	6	3	2	1	7	4	8
4	3	9	2	8	6	5	1	7
2	5	7	1	3	4	6	8	9
8	6	1	7	9	5	4	3	2
9	8	2	6	4	7	1	5	3
6	1	3	9	5	2	8	7	4
7	4	5	8	1	3	2	9	6

Solution 77

9	1	4	3	2	8	6	7	5
3	6	8	5	1	7	9	2	4
2	7	5	4	6	9	1	3	8
7	9	3	1	4	2	5	8	6
6	4	1	8	3	5	7	9	2
5	8	2	7	9	6	3	4	1
4	5	9	6	8	3	2	1	7
1	2	6	9	7	4	8	5	3
8	3	7	2	5	1	4	6	9

Solution 78 Solution

4	3	5	7	2	8	9	1	6
6	8	2	3	9	1	7	5	4
7	9	1	5	6	4	2	3	8
9	4	8	6	5	7	3	2	1
3	1	6	2	4	9	5	8	7
5	2	7	8	1	3	4	6	9
2	6	9	4	8	5	1	7	3
1	5	3	9	7	6	8	4	2
8	7	4	1	3	2	6	9	5

Solution 79

8	9	3	1	2	7	6	5	4
5	4	2	3	6	9	1	8	7
7	1	6	4	8	5	2	3	9
9	2	8	7	4	3	5	1	6
4	7	1	6	5	8	3	9	2
3	6	5	9	1	2	7	4	8
1	3	4	2	9	6	8	7	5
2	5	9	8	7	1	4	6	3
6	8	7	5	3	4	9	2	1

Solution 80

5	8	1	3	4	7	9	6	2
2	3	7	5	6	9	1	8	4
4	6	9	2	1	8	7	3	5
8	9	5	7	3	1	2	4	6
6	1	2	4	9	5	8	7	3
7	4	3	8	2	6	5	1	9
1	2	4	9	8	3	6	5	7
3	5	6	1	7	2	4	9	8
9	7	8	6	5	4	3	2	1

Solution 81

5	8	2	4	3	7	1	9	6
1	4	3	9	8	6	5	2	7
6	7	9	5	2	1	4	3	8
9	1	7	2	6	3	8	4	5
8	5	4	1	7	9	3	6	2
2	3	6	8	5	4	9	7	1
4	6	8	3	1	2	7	5	9
7	9	5	6	4	8	2	1	3
3	2	1	7	9	5	6	8	4

Solution 82

7	3	2	4	8	5	9	1	6
8	4	1	3	6	9	5	7	2
6	9	5	7	2	1	8	4	3
3	6	8	5	1	7	4	2	9
5	7	9	8	4	2	3	6	1
2	1	4	6	9	3	7	8	5
4	2	7	9	5	6	1	3	8
1	5	3	2	7	8	6	9	4
9	8	6	1	3	4	2	5	7

Solution 83

1	6	3	5	2	9	7	4	8
2	7	5	4	1	8	9	3	6
9	8	4	6	7	3	1	5	2
5	1	9	3	6	7	2	8	4
6	3	8	9	4	2	5	7	1
4	2	7	1	8	5	3	6	9
3	5	1	8	9	4	6	2	7
7	4	6	2	3	1	8	9	5
8	9	2	7	5	6	4	1	3

Solution 84

3	1	7	6	4	2	8	5	9
9	4	6	8	3	5	1	2	7
2	8	5	7	9	1	6	3	4
4	6	1	2	5	3	7	9	8
5	9	8	1	6	7	2	4	3
7	3	2	4	8	9	5	6	1
6	5	9	3	7	8	4	1	2
8	2	4	9	1	6	3	7	5
1	7	3	5	2	4	9	8	6

Solution 85

6	1	3	5	8	4	2	9	7
8	4	9	7	3	2	5	6	1
7	2	5	9	1	6	4	3	8
3	5	1	8	7	9	6	2	4
4	9	7	6	2	3	8	1	5
2	8	6	4	5	1	9	7	3
5	3	2	1	9	8	7	4	6
9	6	8	3	4	7	1	5	2
1	7	4	2	6	5	3	8	9

Solution 86

9	5	3	6	4	2	8	1	7
8	7	4	5	1	3	9	6	2
1	2	6	8	9	7	3	5	4
5	4	8	3	6	9	7	2	1
7	9	1	4	2	5	6	8	3
6	3	2	1	7	8	4	9	5
4	6	5	7	8	1	2	3	9
2	1	7	9	3	6	5	4	8
3	8	9	2	5	4	1	7	6

Solution 87

5	4	7	9	6	3	1	2	8
6	3	1	8	4	2	5	9	7
8	9	2	1	5	7	4	6	3
7	6	9	5	8	1	3	4	2
4	1	3	6	2	9	7	8	5
2	5	8	7	3	4	6	1	9
9	7	4	2	1	5	8	3	6
1	8	5	3	9	6	2	7	4
3	2	6	4	7	8	9	5	1

Solution 88

9	5	8	4	6	7	2	3	1
4	1	6	5	3	2	9	7	8
7	3	2	1	8	9	4	6	5
6	8	4	7	9	5	1	2	3
3	2	1	6	4	8	7	5	9
5	7	9	2	1	3	8	4	6
2	6	7	8	5	1	3	9	4
8	4	3	9	2	6	5	1	7
1	9	5	3	7	4	6	8	2

Solution 89

7	3	2	9	8	5	1	4	6
1	5	6	4	3	7	8	2	9
8	4	9	2	1	6	3	5	7
5	6	8	1	2	9	4	7	3
4	7	3	5	6	8	2	9	1
9	2	1	7	4	3	5	6	8
2	8	7	3	9	4	6	1	5
3	1	5	6	7	2	9	8	4
6	9	4	8	5	1	7	3	2

Solution 90

Solution 90

2	5	4	6	3	8	1	9	7
1	3	8	2	7	9	5	6	4
7	9	6	5	4	1	8	3	2
9	4	5	3	8	2	7	1	6
8	2	3	7	1	6	9	4	5
6	7	1	9	5	4	2	8	3
4	6	7	8	9	5	3	2	1
3	1	9	4	2	7	6	5	8
5	8	2	1	6	3	4	7	9

Solution 91

2	9	4	5	8	7	6	1	3
8	1	3	6	2	4	9	7	5
6	7	5	1	9	3	4	8	2
3	2	7	4	6	9	8	5	1
5	4	1	2	7	8	3	9	6
9	6	8	3	1	5	7	2	4
1	5	9	7	4	6	2	3	8
4	8	2	9	3	1	5	6	7
7	3	6	8	5	2	1	4	9

Solution 92

7	5	8	4	3	6	9	1	2
2	9	4	1	8	5	7	3	6
6	3	1	7	2	9	8	5	4
4	2	7	8	9	3	5	6	1
9	1	6	5	7	2	4	8	3
3	8	5	6	1	4	2	7	9
5	6	2	3	4	7	1	9	8
1	4	3	9	5	8	6	2	7
8	7	9	2	6	1	3	4	5

Solution 93

8	2	6	3	1	9	7	5	4
3	5	1	6	7	4	9	2	8
7	4	9	5	2	8	6	3	1
9	6	2	4	3	5	1	8	7
1	7	3	9	8	2	4	6	5
5	8	4	7	6	1	2	9	3
2	3	8	1	4	6	5	7	9
6	1	5	8	9	7	3	4	2
4	9	7	2	5	3	8	1	6

Solution 94

6	7	9	4	1	8	2	5	3
1	5	2	3	6	9	4	7	8
4	8	3	5	7	2	9	1	6
5	2	4	8	3	6	7	9	1
3	6	1	9	4	7	5	8	2
8	9	7	2	5	1	6	3	4
7	3	5	6	8	4	1	2	9
2	1	6	7	9	3	8	4	5
9	4	8	1	2	5	3	6	7

Solution 95

1	8	7	3	2	9	6	5	4
3	2	6	5	7	4	1	9	8
4	9	5	8	6	1	7	3	2
8	3	4	2	5	6	9	7	1
2	5	9	4	1	7	3	8	6
6	7	1	9	3	8	2	4	5
9	1	3	6	4	5	8	2	7
7	4	8	1	9	2	5	6	3
5	6	2	7	8	3	4	1	9

Solution 96

Solution 97

5	2	8	3	4	7	1	9	6
4	3	6	1	5	9	2	8	7
1	7	9	6	8	2	3	5	4
2	9	3	5	6	8	4	7	1
8	4	7	2	3	1	5	6	9
6	5	1	7	9	4	8	2	3
3	8	4	9	7	5	6	1	2
9	6	2	8	1	3	7	4	5
7	1	5	4	2	6	9	3	8

Solution 97

5	7	2	1	3	4	9	6	8
8	6	9	5	2	7	3	1	4
4	3	1	9	6	8	5	2	7
2	8	5	6	7	3	1	4	9
7	4	6	2	9	1	8	5	3
1	9	3	4	8	5	6	7	2
9	2	7	8	1	6	4	3	5
6	5	8	3	4	2	7	9	1
3	1	4	7	5	9	2	8	6

Solution 98

Solution 98

4	1	3	5	2	9	8	6	7
8	2	6	1	7	3	9	5	4
7	5	9	8	6	4	1	2	3
1	8	5	3	4	6	2	7	9
6	4	7	9	5	2	3	8	1
3	9	2	7	8	1	6	4	5
9	7	8	6	1	5	4	3	2
2	6	1	4	3	7	5	9	8
5	3	4	2	9	8	7	1	6

Solution 99

7	3	2	5	4	9	1	6	8
4	1	6	7	3	8	9	2	5
5	8	9	6	1	2	4	3	7
6	7	1	3	2	5	8	4	9
9	2	8	4	7	6	3	5	1
3	4	5	8	9	1	2	7	6
1	6	3	2	8	7	5	9	4
8	5	4	9	6	3	7	1	2
2	9	7	1	5	4	6	8	3

Solution 100

7	1	4	2	6	5	8	9	3
3	8	9	4	7	1	2	6	5
6	5	2	3	9	8	1	4	7
2	4	6	5	3	9	7	8	1
5	7	1	6	8	2	9	3	4
8	9	3	7	1	4	5	2	6
4	3	8	1	2	7	6	5	9
1	2	5	9	4	6	3	7	8
9	6	7	8	5	3	4	1	2

Solution 101

4	2	1	9	8	7	6	3	5
9	3	5	1	4	6	2	8	7
7	6	8	5	2	3	4	9	1
3	5	6	7	1	4	9	2	8
8	1	4	6	9	2	5	7	3
2	9	7	8	3	5	1	4	6
1	4	3	2	5	8	7	6	9
6	8	9	4	7	1	3	5	2
5	7	2	3	6	9	8	1	4

Solution 102

6	5	1	4	7	9	3	8	2
8	9	3	1	6	2	7	5	4
4	2	7	5	8	3	9	1	6
7	3	8	9	4	5	6	2	1
5	4	9	6	2	1	8	3	7
1	6	2	7	3	8	4	9	5
2	7	5	8	9	4	1	6	3
9	1	4	3	5	6	2	7	8
3	8	6	2	1	7	5	4	9

Solution 103

8	3	7	4	1	5	9	2	6
5	2	1	9	7	6	4	3	8
4	9	6	3	2	8	7	5	1
6	1	3	7	5	9	2	8	4
2	5	9	6	8	4	3	1	7
7	4	8	2	3	1	6	9	5
3	6	5	8	4	2	1	7	9
9	8	2	1	6	7	5	4	3
1	7	4	5	9	3	8	6	2

Solution 104

3	1	6	7	2	5	4	8	9
7	9	5	3	8	4	2	1	6
4	2	8	9	1	6	3	5	7
5	3	2	1	6	9	8	7	4
6	8	4	5	3	7	1	9	2
1	7	9	8	4	2	6	3	5
2	5	3	4	9	8	7	6	1
9	4	1	6	7	3	5	2	8
8	6	7	2	5	1	9	4	3

Solution 105

4	9	2	3	6	8	5	1	7
1	6	8	7	4	5	2	9	3
7	3	5	2	1	9	6	8	4
2	5	7	8	3	1	4	6	9
3	8	6	5	9	4	7	2	1
9	4	1	6	7	2	3	5	8
8	1	3	4	5	6	9	7	2
5	7	9	1	2	3	8	4	6
6	2	4	9	8	7	1	3	5

Solution 106

5	6	1	2	8	4	7	3	9
2	7	9	6	1	3	8	4	5
8	4	3	5	9	7	6	1	2
4	3	7	1	2	5	9	8	6
1	2	8	3	6	9	5	7	4
9	5	6	7	4	8	3	2	1
3	1	2	9	7	6	4	5	8
6	8	5	4	3	2	1	9	7
7	9	4	8	5	1	2	6	3

Solution 107

6	3	9	4	2	7	5	8	1
7	4	5	6	8	1	9	2	3
8	2	1	9	3	5	4	7	6
3	1	4	2	9	8	7	6	5
5	6	2	1	7	4	3	9	8
9	7	8	3	5	6	1	4	2
1	5	6	7	4	2	8	3	9
2	9	7	8	1	3	6	5	4
4	8	3	5	6	9	2	1	7

Solution 108

6	3	5	8	1	9	2	4	7
2	9	4	3	7	5	8	6	1
1	7	8	2	4	6	9	3	5
5	8	2	7	6	4	1	9	3
3	4	6	1	9	8	7	5	2
9	1	7	5	2	3	4	8	6
4	5	1	9	3	2	6	7	8
8	2	9	6	5	7	3	1	4
7	6	3	4	8	1	5	2	9

Solution 109

5	2	3	7	8	9	6	4	1
9	6	4	2	1	3	8	5	7
7	8	1	5	6	4	2	3	9
6	5	7	3	2	1	4	9	8
4	3	8	9	7	5	1	6	2
2	1	9	6	4	8	3	7	5
3	7	6	1	5	2	9	8	4
8	9	2	4	3	7	5	1	6
1	4	5	8	9	6	7	2	3

Solution 110

Solution 110

6	4	2	8	5	9	3	1	7
7	9	5	3	1	6	2	8	4
8	3	1	4	2	7	9	6	5
2	5	3	7	9	1	8	4	6
9	6	8	2	4	5	1	7	3
4	1	7	6	8	3	5	2	9
1	7	4	5	3	8	6	9	2
5	8	6	9	7	2	4	3	1
3	2	9	1	6	4	7	5	8

Solution 111

1	4	3	6	2	9	5	8	7
6	5	2	4	8	7	1	9	3
8	7	9	1	5	3	6	4	2
2	1	6	9	7	8	4	3	5
7	3	4	5	1	6	9	2	8
5	9	8	2	3	4	7	6	1
9	8	5	7	4	2	3	1	6
4	2	1	3	6	5	8	7	9
3	6	7	8	9	1	2	5	4

Solution 112

4	3	8	6	5	1	2	9	7
5	6	1	7	2	9	3	4	8
9	7	2	4	8	3	5	1	6
1	5	4	9	6	2	7	8	3
2	8	6	3	7	4	1	5	9
3	9	7	8	1	5	6	2	4
6	1	9	5	3	8	4	7	2
7	4	5	2	9	6	8	3	1
8	2	3	1	4	7	9	6	5

Solution 113

2	6	7	5	9	3	4	1	8
4	8	3	6	1	2	5	7	9
1	9	5	4	7	8	6	2	3
8	3	9	7	5	6	2	4	1
7	5	2	3	4	1	9	8	6
6	1	4	8	2	9	3	5	7
9	2	6	1	8	4	7	3	5
3	7	8	2	6	5	1	9	4
5	4	1	9	3	7	8	6	2

Solution 114

3	6	4	2	1	7	5	9	8
9	5	8	3	6	4	7	1	2
1	7	2	5	9	8	3	4	6
8	9	7	4	5	2	6	3	1
6	3	5	1	7	9	2	8	4
4	2	1	8	3	6	9	7	5
2	1	3	9	4	5	8	6	7
5	4	6	7	8	3	1	2	9
7	8	9	6	2	1	4	5	3

Solution 115

2	6	4	7	1	8	9	5	3
8	9	7	4	3	5	1	6	2
1	3	5	2	6	9	7	4	8
9	1	2	3	4	6	8	7	5
3	4	6	5	8	7	2	1	9
5	7	8	9	2	1	6	3	4
6	5	1	8	9	3	4	2	7
4	8	3	6	7	2	5	9	1
7	2	9	1	5	4	3	8	6

Solution 116

Solution 116

3	1	8	7	2	6	9	4	5
7	9	5	3	1	4	6	8	2
2	6	4	5	9	8	7	3	1
8	4	1	2	5	7	3	6	9
6	2	7	9	4	3	1	5	8
9	5	3	8	6	1	2	7	4
5	3	6	1	8	9	4	2	7
1	7	2	4	3	5	8	9	6
4	8	9	6	7	2	5	1	3

Solution 117

3	2	5	1	7	4	6	9	8
7	4	9	2	8	6	3	5	1
6	1	8	9	5	3	4	7	2
4	3	1	8	9	2	7	6	5
5	6	2	3	4	7	1	8	9
9	8	7	5	6	1	2	4	3
1	5	6	4	3	8	9	2	7
2	9	4	7	1	5	8	3	6
8	7	3	6	2	9	5	1	4

Solution 118

Solution 118

2	1	8	3	5	4	7	6	9
4	3	9	2	6	7	8	5	1
7	6	5	9	1	8	2	4	3
6	4	1	5	3	2	9	8	7
3	8	2	7	4	9	6	1	5
9	5	7	1	8	6	4	3	2
5	7	6	4	2	1	3	9	8
8	2	3	6	9	5	1	7	4
1	9	4	8	7	3	5	2	6

Solution 119

5	1	7	3	4	2	6	8	9
6	3	9	1	7	8	4	2	5
8	2	4	5	6	9	3	1	7
7	9	1	6	8	4	2	5	3
3	5	2	7	9	1	8	4	6
4	6	8	2	3	5	9	7	1
2	4	3	9	1	7	5	6	8
1	8	6	4	5	3	7	9	2
9	7	5	8	2	6	1	3	4

Solution 120

1	2	4	5	7	3	8	6	9
7	8	6	4	9	1	5	2	3
3	5	9	6	2	8	7	1	4
8	1	2	3	4	5	6	9	7
4	7	5	2	6	9	3	8	1
9	6	3	8	1	7	2	4	5
5	3	1	9	8	6	4	7	2
6	4	7	1	3	2	9	5	8
2	9	8	7	5	4	1	3	6

Solution 121

9	7	8	4	2	5	6	3	1
2	5	4	6	3	1	7	9	8
1	3	6	7	9	8	4	2	5
3	6	7	9	8	4	5	1	2
4	1	5	3	6	2	8	7	9
8	9	2	5	1	7	3	4	6
5	8	9	2	4	3	1	6	7
6	4	1	8	7	9	2	5	3
7	2	3	1	5	6	9	8	4

Solution 122

8	1	2	7	3	4	9	6	5
3	4	6	9	2	5	8	7	1
9	7	5	1	6	8	4	3	2
1	5	3	8	4	6	2	9	7
2	9	4	3	5	7	6	1	8
7	6	8	2	9	1	3	5	4
5	8	9	4	1	3	7	2	6
4	3	1	6	7	2	5	8	9
6	2	7	5	8	9	1	4	3

Solution 123

7	5	3	1	6	2	4	8	9
6	9	8	3	4	7	5	2	1
4	1	2	5	9	8	3	6	7
1	7	9	4	3	6	8	5	2
3	8	5	9	2	1	6	7	4
2	4	6	7	8	5	1	9	3
9	6	1	2	5	4	7	3	8
8	2	4	6	7	3	9	1	5
5	3	7	8	1	9	2	4	6

Solution 124

8	2	3	7	4	1	9	5	6
4	9	1	5	3	6	2	7	8
7	6	5	8	2	9	3	1	4
5	1	9	4	8	7	6	2	3
2	4	6	9	1	3	5	8	7
3	8	7	2	6	5	1	4	9
9	3	4	1	7	2	8	6	5
1	5	8	6	9	4	7	3	2
6	7	2	3	5	8	4	9	1

Solution 125

4	2	8	9	6	3	7	5	1
7	6	3	2	5	1	4	8	9
1	5	9	7	4	8	3	6	2
3	8	4	6	2	5	9	1	7
6	9	2	4	1	7	8	3	5
5	1	7	3	8	9	6	2	4
8	7	5	1	9	6	2	4	3
9	4	6	5	3	2	1	7	8
2	3	1	8	7	4	5	9	6

Solution 126

5	6	2	3	9	8	7	1	4
4	1	7	6	2	5	8	3	9
8	3	9	1	4	7	6	5	2
2	8	5	4	6	3	1	9	7
7	9	6	2	8	1	5	4	3
1	4	3	7	5	9	2	6	8
3	5	4	8	7	6	9	2	1
9	2	8	5	1	4	3	7	6
6	7	1	9	3	2	4	8	5

Solution 127

2	1	4	8	7	9	3	6	5
8	7	5	2	6	3	4	9	1
3	6	9	4	1	5	7	8	2
6	8	1	7	9	4	2	5	3
7	5	2	6	3	8	9	1	4
9	4	3	5	2	1	8	7	6
5	3	7	9	4	6	1	2	8
1	9	8	3	5	2	6	4	7
4	2	6	1	8	7	5	3	9

Solution 128

8	2	5	1	6	3	9	7	4
7	1	4	9	8	5	6	3	2
6	9	3	7	2	4	1	5	8
4	5	9	2	3	6	8	1	7
3	6	2	8	7	1	4	9	5
1	8	7	4	5	9	3	2	6
2	3	6	5	9	8	7	4	1
5	4	8	3	1	7	2	6	9
9	7	1	6	4	2	5	8	3

Solution 129

2	3	5	7	6	9	1	4	8
7	1	6	3	8	4	9	2	5
8	4	9	2	5	1	3	6	7
4	2	3	1	9	7	5	8	6
6	9	1	5	4	8	7	3	2
5	7	8	6	3	2	4	9	1
1	6	7	4	2	3	8	5	9
9	5	4	8	1	6	2	7	3
3	8	2	9	7	5	6	1	4

Solution 130

Solution 131

5	9	3	6	2	7	1	4	8
6	4	2	9	1	8	7	3	5
8	1	7	5	4	3	9	2	6
1	7	8	3	5	9	4	6	2
2	5	4	1	7	6	3	8	9
9	3	6	4	8	2	5	7	1
7	6	1	2	3	5	8	9	4
3	2	5	8	9	4	6	1	7
4	8	9	7	6	1	2	5	3

Solution 131

2	3	9	4	5	1	8	7	6
7	1	8	6	9	3	4	2	5
6	5	4	2	7	8	3	9	1
3	9	6	1	2	7	5	4	8
1	4	2	5	8	9	7	6	3
8	7	5	3	4	6	9	1	2
4	8	1	9	6	5	2	3	7
5	2	3	7	1	4	6	8	9
9	6	7	8	3	2	1	5	4

Solution 132

1	6	5	9	2	4	8	3	7
7	2	4	1	3	8	9	5	6
8	3	9	6	7	5	4	2	1
4	1	6	3	5	2	7	8	9
2	8	7	4	1	9	5	6	3
5	9	3	8	6	7	1	4	2
9	5	1	2	4	6	3	7	8
3	7	2	5	8	1	6	9	4
6	4	8	7	9	3	2	1	5

Solution 133

5	1	8	3	2	4	7	9	6
4	2	7	8	6	9	1	5	3
9	6	3	7	1	5	8	4	2
7	4	2	6	5	1	9	3	8
1	5	6	9	3	8	2	7	4
8	3	9	2	4	7	6	1	5
3	8	4	1	7	6	5	2	9
6	7	5	4	9	2	3	8	1
2	9	1	5	8	3	4	6	7

Solution 134

9	4	3	6	1	7	5	2	8
5	1	7	8	2	9	6	4	3
6	2	8	3	4	5	1	9	7
1	3	6	7	9	8	4	5	2
2	9	5	4	3	6	8	7	1
7	8	4	1	5	2	9	3	6
3	5	2	9	6	1	7	8	4
8	6	9	2	7	4	3	1	5
4	7	1	5	8	3	2	6	9

Solution 135

5	9	3	8	4	1	6	7	2
8	1	7	2	9	6	4	5	3
4	6	2	7	5	3	9	1	8
3	8	6	5	2	7	1	4	9
9	4	1	3	6	8	5	2	7
2	7	5	9	1	4	8	3	6
7	3	9	1	8	5	2	6	4
1	2	4	6	7	9	3	8	5
6	5	8	4	3	2	7	9	1

Solution 136

Solution 137

2	3	9	7	4	1	5	8	6
4	5	7	3	6	8	9	2	1
8	1	6	2	9	5	3	4	7
7	2	3	1	8	6	4	5	9
6	4	1	5	3	9	2	7	8
5	9	8	4	2	7	1	6	3
9	6	4	8	1	2	7	3	5
3	8	5	9	7	4	6	1	2
1	7	2	6	5	3	8	9	4

Solution 137

6	2	3	8	1	4	7	5	9
4	1	9	7	3	5	6	8	2
8	7	5	2	9	6	1	4	3
1	9	2	3	5	7	4	6	8
3	5	8	4	6	1	2	9	7
7	6	4	9	2	8	3	1	5
5	8	6	1	7	3	9	2	4
2	4	7	6	8	9	5	3	1
9	3	1	5	4	2	8	7	6

Solution 138 Solution

3	2	4	7	6	9	8	1	5
5	9	8	3	1	2	6	4	7
7	1	6	8	5	4	2	3	9
4	5	1	9	7	8	3	6	2
8	3	7	2	4	6	5	9	1
2	6	9	1	3	5	4	7	8
6	7	3	5	2	1	9	8	4
9	4	5	6	8	7	1	2	3
1	8	2	4	9	3	7	5	6

Solution 139

5	3	4	9	8	7	1	6	2
2	1	6	3	4	5	7	8	9
8	9	7	1	2	6	4	5	3
7	2	9	4	1	8	5	3	6
1	5	8	2	6	3	9	4	7
4	6	3	7	5	9	2	1	8
9	4	2	8	3	1	6	7	5
3	7	5	6	9	4	8	2	1
6	8	1	5	7	2	3	9	4

Solution 140

5	6	4	9	7	3	8	1	2
8	1	9	2	6	4	7	3	5
7	2	3	8	1	5	9	4	6
1	5	6	7	3	9	4	2	8
3	9	7	4	2	8	6	5	1
4	8	2	1	5	6	3	9	7
9	4	1	5	8	7	2	6	3
6	7	5	3	4	2	1	8	9
2	3	8	6	9	1	5	7	4

Solution 141

1	7	4	9	8	3	2	5	6
8	5	2	4	1	6	9	3	7
9	3	6	5	7	2	4	1	8
7	2	9	3	4	1	8	6	5
3	8	5	6	9	7	1	4	2
6	4	1	8	2	5	7	9	3
5	1	7	2	3	9	6	8	4
4	9	3	7	6	8	5	2	1
2	6	8	1	5	4	3	7	9

Solution 142

4	6	9	3	8	5	1	2	7
8	1	3	6	2	7	9	4	5
2	5	7	4	9	1	3	8	6
6	9	1	5	7	4	2	3	8
3	4	5	2	6	8	7	1	9
7	2	8	9	1	3	6	5	4
5	7	4	1	3	9	8	6	2
9	3	6	8	4	2	5	7	1
1	8	2	7	5	6	4	9	3

Solution 143

3	2	9	6	1	4	5	8	7
6	4	8	9	7	5	3	2	1
5	1	7	2	3	8	9	6	4
4	5	2	1	6	3	7	9	8
8	6	1	7	4	9	2	3	5
9	7	3	5	8	2	4	1	6
1	8	5	3	2	7	6	4	9
7	3	6	4	9	1	8	5	2
2	9	4	8	5	6	1	7	3

Solution 144

4	7	3	9	1	8	5	6	2
6	1	2	4	5	3	7	8	9
5	9	8	7	2	6	4	3	1
2	6	7	1	8	4	9	5	3
9	8	1	2	3	5	6	4	7
3	4	5	6	7	9	2	1	8
7	3	9	5	4	1	8	2	6
1	5	6	8	9	2	3	7	4
8	2	4	3	6	7	1	9	5

Solution 145

8	1	7	4	2	3	9	6	5
2	9	3	5	1	6	4	8	7
6	5	4	8	9	7	3	2	1
9	4	1	6	7	2	5	3	8
7	2	6	3	5	8	1	4	9
3	8	5	1	4	9	2	7	6
1	7	9	2	8	4	6	5	3
5	6	2	7	3	1	8	9	4
4	3	8	9	6	5	7	1	2

Solution 146

8	7	2	5	4	9	1	3	6
3	1	9	8	6	7	4	2	5
5	6	4	1	3	2	8	7	9
6	8	1	4	7	3	5	9	2
2	5	3	9	8	1	6	4	7
4	9	7	2	5	6	3	1	8
7	2	6	3	1	5	9	8	4
9	3	8	6	2	4	7	5	1
1	4	5	7	9	8	2	6	3

Solution 147

8	4	5	7	9	6	3	2	1
7	3	9	5	2	1	8	4	6
2	1	6	3	4	8	5	7	9
3	2	1	8	5	7	6	9	4
6	5	4	1	3	9	7	8	2
9	7	8	2	6	4	1	5	3
5	6	2	4	8	3	9	1	7
4	9	7	6	1	5	2	3	8
1	8	3	9	7	2	4	6	5

Solution 148

4	3	9	5	6	8	7	1	2
5	2	6	7	4	1	8	9	3
7	1	8	3	2	9	4	6	5
6	9	3	8	1	7	2	5	4
1	4	2	6	5	3	9	8	7
8	7	5	2	9	4	1	3	6
2	8	4	1	3	6	5	7	9
3	5	7	9	8	2	6	4	1
9	6	1	4	7	5	3	2	8

Solution 149

9	4	1	8	7	6	2	5	3
2	5	6	4	3	1	7	8	9
7	3	8	2	5	9	1	6	4
3	8	4	6	2	5	9	1	7
6	7	9	1	4	3	8	2	5
5	1	2	9	8	7	3	4	6
4	6	7	3	1	8	5	9	2
8	2	3	5	9	4	6	7	1
1	9	5	7	6	2	4	3	8

Solution 150

Solution 150

7	4	3	1	2	9	6	8	5
6	2	5	3	8	4	9	7	1
1	8	9	5	7	6	4	2	3
4	3	8	7	5	1	2	6	9
2	1	7	6	9	3	8	5	4
9	5	6	2	4	8	1	3	7
5	7	4	8	1	2	3	9	6
8	6	1	9	3	5	7	4	2
3	9	2	4	6	7	5	1	8

Solution 151

6	8	7	2	5	3	4	1	9
3	5	2	9	4	1	7	6	8
9	4	1	7	6	8	2	5	3
8	1	3	6	2	7	9	4	5
5	7	6	3	9	4	1	8	2
4	2	9	8	1	5	6	3	7
2	3	5	1	7	6	8	9	4
7	6	8	4	3	9	5	2	1
1	9	4	5	8	2	3	7	6

Solution 152

2	6	7	4	3	1	5	9	8
5	8	4	6	2	9	1	7	3
9	1	3	7	5	8	6	4	2
6	7	8	5	4	2	3	1	9
4	5	2	1	9	3	8	6	7
3	9	1	8	7	6	2	5	4
7	3	9	2	1	5	4	8	6
1	4	6	3	8	7	9	2	5
8	2	5	9	6	4	7	3	1

Solution 153

3	4	1	6	5	9	7	2	8
2	9	8	4	1	7	3	6	5
7	5	6	8	2	3	1	9	4
1	6	3	2	7	5	4	8	9
4	8	5	3	9	6	2	1	7
9	7	2	1	8	4	6	5	3
5	2	9	7	4	1	8	3	6
6	1	4	5	3	8	9	7	2
8	3	7	9	6	2	5	4	1

Solution 154

2	5	1	8	9	7	4	6	3
9	4	7	6	2	3	5	8	1
3	6	8	1	4	5	2	7	9
7	3	2	5	6	1	9	4	8
8	9	6	7	3	4	1	2	5
4	1	5	2	8	9	6	3	7
5	7	4	3	1	6	8	9	2
6	2	3	9	5	8	7	1	4
1	8	9	4	7	2	3	5	6

Solution 155

5	3	9	8	1	2	4	7	6
6	1	4	7	5	3	9	2	8
7	2	8	6	4	9	5	3	1
1	4	2	9	7	5	6	8	3
3	5	6	1	8	4	7	9	2
8	9	7	2	3	6	1	4	5
4	7	5	3	6	8	2	1	9
2	6	3	4	9	1	8	5	7
9	8	1	5	2	7	3	6	4

Solution 156

Solution 156

3	1	7	9	6	8	2	5	4
2	5	9	4	7	3	8	1	6
4	6	8	1	2	5	3	7	9
5	2	1	7	4	6	9	3	8
6	7	4	8	3	9	1	2	5
8	9	3	5	1	2	6	4	7
1	4	2	6	8	7	5	9	3
9	3	6	2	5	4	7	8	1
7	8	5	3	9	1	4	6	2

Solution 157

1	8	2	6	9	7	3	4	5
6	7	4	3	1	5	9	2	8
5	9	3	4	8	2	6	7	1
2	6	8	9	5	3	4	1	7
4	1	5	8	7	6	2	3	9
7	3	9	1	2	4	8	5	6
3	2	7	5	6	9	1	8	4
9	5	1	2	4	8	7	6	3
8	4	6	7	3	1	5	9	2

Solution 158

Solution 159

7	8	5	1	9	4	6	3	2
4	2	1	8	3	6	7	5	9
3	6	9	2	7	5	4	8	1
5	3	4	6	8	2	9	1	7
1	9	8	3	4	7	5	2	6
6	7	2	9	5	1	3	4	8
9	1	3	5	6	8	2	7	4
8	5	7	4	2	9	1	6	3
2	4	6	7	1	3	8	9	5

Solution 159

3	6	5	9	2	4	1	8	7
1	8	2	6	5	7	4	3	9
7	4	9	8	1	3	5	6	2
4	7	3	5	9	1	8	2	6
9	5	6	7	8	2	3	1	4
8	2	1	3	4	6	7	9	5
5	1	4	2	3	9	6	7	8
6	9	8	1	7	5	2	4	3
2	3	7	4	6	8	9	5	1

Solution 160

1	4	3	5	2	7	8	9	6
6	5	2	1	8	9	3	4	7
9	8	7	6	4	3	2	5	1
8	7	4	2	3	6	5	1	9
2	9	6	4	5	1	7	8	3
3	1	5	9	7	8	6	2	4
7	3	1	8	9	2	4	6	5
5	2	9	7	6	4	1	3	8
4	6	8	3	1	5	9	7	2

Solution 161

2	9	6	5	3	7	4	8	1
3	7	5	8	1	4	6	9	2
1	4	8	9	6	2	5	7	3
8	6	1	3	7	5	2	4	9
5	3	9	4	2	6	8	1	7
4	2	7	1	8	9	3	6	5
6	1	3	7	5	8	9	2	4
7	8	4	2	9	3	1	5	6
9	5	2	6	4	1	7	3	8

Solution 162

4	1	5	3	9	2	6	7	8
6	7	3	1	8	4	9	2	5
8	2	9	7	6	5	4	3	1
9	6	8	4	3	7	5	1	2
5	3	1	9	2	6	7	8	4
2	4	7	8	5	1	3	6	9
1	8	6	5	4	3	2	9	7
7	5	2	6	1	9	8	4	3
3	9	4	2	7	8	1	5	6

Solution 163

6	5	3	1	7	9	8	2	4
2	1	7	6	8	4	3	5	9
8	4	9	5	3	2	7	1	6
5	8	4	3	9	1	6	7	2
7	2	6	8	4	5	1	9	3
9	3	1	2	6	7	5	4	8
4	6	2	7	1	8	9	3	5
3	7	5	9	2	6	4	8	1
1	9	8	4	5	3	2	6	7

Solution 164

3	4	5	8	2	6	7	1	9
1	7	2	3	4	9	5	6	8
6	9	8	5	1	7	4	2	3
8	2	3	7	5	1	9	4	6
4	5	6	9	8	2	1	3	7
9	1	7	4	6	3	8	5	2
7	6	1	2	9	5	3	8	4
5	3	4	6	7	8	2	9	1
2	8	9	1	3	4	6	7	5

Solution 165

7	8	1	9	5	2	3	6	4
4	2	9	6	3	8	5	1	7
5	3	6	4	7	1	8	2	9
1	4	7	2	6	5	9	8	3
6	5	2	3	8	9	7	4	1
3	9	8	1	4	7	6	5	2
2	1	5	7	9	6	4	3	8
9	6	4	8	1	3	2	7	5
8	7	3	5	2	4	1	9	6

Solution 166

5	2	8	7	1	9	3	4	6
1	9	4	2	6	3	5	8	7
3	6	7	8	4	5	1	2	9
2	8	5	1	9	4	7	6	3
4	3	6	5	7	8	9	1	2
7	1	9	6	3	2	8	5	4
8	5	3	4	2	7	6	9	1
6	7	2	9	5	1	4	3	8
9	4	1	3	8	6	2	7	5

Solution 167

4	5	8	3	1	2	7	9	6
9	7	6	4	8	5	3	2	1
3	1	2	7	6	9	8	5	4
1	9	3	6	5	7	2	4	8
5	2	4	8	3	1	6	7	9
6	8	7	2	9	4	1	3	5
7	6	9	5	2	8	4	1	3
8	4	1	9	7	3	5	6	2
2	3	5	1	4	6	9	8	7

Solution 168

3	9	4	7	2	6	8	5	1
6	2	1	5	4	8	7	3	9
8	5	7	9	3	1	4	6	2
5	8	9	6	1	3	2	4	7
4	3	2	8	5	7	1	9	6
7	1	6	2	9	4	5	8	3
9	4	3	1	7	5	6	2	8
1	6	5	3	8	2	9	7	4
2	7	8	4	6	9	3	1	5

Solution 169

5	8	3	4	2	9	7	6	1
4	2	1	5	7	6	9	8	3
9	7	6	3	1	8	4	5	2
3	1	4	2	8	5	6	7	9
8	5	9	6	3	7	2	1	4
7	6	2	1	9	4	5	3	8
6	9	8	7	4	3	1	2	5
2	3	5	9	6	1	8	4	7
1	4	7	8	5	2	3	9	6

Solution 170

Solution 171

1	3	4	6	9	7	8	5	2
5	8	7	1	4	2	9	6	3
2	6	9	3	8	5	7	4	1
3	7	5	8	2	4	6	1	9
4	1	2	7	6	9	3	8	5
8	9	6	5	3	1	4	2	7
7	4	1	9	5	6	2	3	8
6	5	3	2	7	8	1	9	4
9	2	8	4	1	3	5	7	6

Solution 171

6	2	1	4	7	5	8	3	9
3	9	5	6	2	8	7	1	4
7	8	4	3	9	1	5	6	2
9	1	6	7	3	2	4	5	8
2	3	8	5	1	4	6	9	7
5	4	7	8	6	9	1	2	3
1	7	2	9	4	6	3	8	5
4	5	9	1	8	3	2	7	6
8	6	3	2	5	7	9	4	1

Solution 172

2	5	9	3	7	1	8	6	4
7	1	3	4	8	6	2	5	9
6	8	4	5	2	9	3	1	7
5	3	1	2	4	8	9	7	6
9	2	7	6	5	3	4	8	1
4	6	8	1	9	7	5	3	2
3	7	2	8	1	4	6	9	5
8	9	5	7	6	2	1	4	3
1	4	6	9	3	5	7	2	8

Solution 173

8	4	2	3	5	1	6	9	7
1	9	3	8	6	7	2	5	4
6	7	5	2	4	9	3	8	1
2	5	9	4	3	6	1	7	8
7	3	6	1	8	5	9	4	2
4	1	8	9	7	2	5	3	6
9	6	4	5	1	8	7	2	3
3	2	1	7	9	4	8	6	5
5	8	7	6	2	3	4	1	9

Solution 174

2	6	8	1	7	3	9	4	5
4	9	3	8	6	5	7	1	2
1	5	7	9	4	2	8	6	3
5	4	2	6	8	1	3	7	9
6	7	9	3	2	4	1	5	8
8	3	1	7	5	9	4	2	6
9	2	4	5	1	8	6	3	7
3	1	6	2	9	7	5	8	4
7	8	5	4	3	6	2	9	1

Solution 175

9	8	3	4	1	6	7	2	5
2	1	7	9	5	3	6	4	8
6	5	4	2	8	7	1	3	9
3	2	6	8	9	5	4	1	7
7	4	8	1	3	2	9	5	6
1	9	5	6	7	4	3	8	2
4	3	9	5	6	8	2	7	1
8	7	1	3	2	9	5	6	4
5	6	2	7	4	1	8	9	3

Solution 176

Solution

5	3	2	4	1	6	7	9	8
7	4	9	8	5	2	3	1	6
6	1	8	3	7	9	4	2	5
3	8	6	1	4	7	2	5	9
1	5	4	2	9	3	8	6	7
2	9	7	5	6	8	1	3	4
9	7	3	6	2	4	5	8	1
8	6	1	7	3	5	9	4	2
4	2	5	9	8	1	6	7	3

Solution 177

7	8	3	5	1	4	6	9	2
5	2	6	8	9	7	4	3	1
1	4	9	6	3	2	8	5	7
9	6	5	7	8	1	3	2	4
3	1	2	4	5	6	7	8	9
8	7	4	3	2	9	5	1	6
4	9	8	1	6	3	2	7	5
2	3	7	9	4	5	1	6	8
6	5	1	2	7	8	9	4	3

Solution 178

Solution 179

2	1	6	8	4	7	3	9	5
9	8	5	2	6	3	1	7	4
3	7	4	9	5	1	2	6	8
1	4	9	6	7	8	5	3	2
5	6	3	1	2	9	8	4	7
8	2	7	4	3	5	6	1	9
4	9	1	3	8	2	7	5	6
6	5	8	7	1	4	9	2	3
7	3	2	5	9	6	4	8	1

Solution 179

8	3	1	5	9	2	7	6	4
7	6	4	3	1	8	9	5	2
9	5	2	4	7	6	8	3	1
6	4	8	1	3	5	2	7	9
5	7	9	2	6	4	3	1	8
2	1	3	7	8	9	5	4	6
1	8	6	9	5	7	4	2	3
3	2	7	8	4	1	6	9	5
4	9	5	6	2	3	1	8	7

Solution 180

3	4	2	1	5	7	9	8	6
6	9	5	4	3	8	2	1	7
1	8	7	2	9	6	4	3	5
7	2	1	6	4	9	8	5	3
5	6	4	8	2	3	1	7	9
8	3	9	7	1	5	6	4	2
4	7	8	3	6	2	5	9	1
2	5	3	9	8	1	7	6	4
9	1	6	5	7	4	3	2	8

Solution 181

3	7	6	1	2	8	4	5	9
9	4	2	7	5	6	3	1	8
1	8	5	4	9	3	6	7	2
8	1	9	3	6	4	5	2	7
5	2	3	8	7	9	1	4	6
4	6	7	2	1	5	9	8	3
7	3	1	9	4	2	8	6	5
6	9	4	5	8	7	2	3	1
2	5	8	6	3	1	7	9	4

Solution 182

7	9	4	2	8	1	3	6	5
1	3	6	5	7	9	8	2	4
5	2	8	6	4	3	1	7	9
8	1	5	9	2	4	7	3	6
9	7	3	1	5	6	2	4	8
4	6	2	8	3	7	9	5	1
2	5	7	4	9	8	6	1	3
6	4	9	3	1	2	5	8	7
3	8	1	7	6	5	4	9	2

Solution 183

5	7	4	2	1	9	8	3	6
1	2	3	4	8	6	7	5	9
8	6	9	3	5	7	2	4	1
9	1	6	5	7	2	3	8	4
4	3	7	8	9	1	6	2	5
2	5	8	6	3	4	1	9	7
7	8	1	9	2	5	4	6	3
6	9	2	7	4	3	5	1	8
3	4	5	1	6	8	9	7	2

Solution 184

2	9	3	1	8	7	4	6	5
6	5	8	9	3	4	1	2	7
7	1	4	5	6	2	3	9	8
5	8	2	4	7	3	9	1	6
3	6	9	2	1	5	8	7	4
1	4	7	8	9	6	5	3	2
4	3	1	7	2	8	6	5	9
8	2	6	3	5	9	7	4	1
9	7	5	6	4	1	2	8	3

Solution 185

4	7	5	9	8	6	3	2	1
2	8	1	4	3	7	5	6	9
3	9	6	2	1	5	4	7	8
7	5	8	3	9	4	2	1	6
6	1	2	7	5	8	9	3	4
9	3	4	6	2	1	7	8	5
1	6	7	5	4	2	8	9	3
5	2	9	8	6	3	1	4	7
8	4	3	1	7	9	6	5	2

Solution 186

4	2	5	8	1	6	7	9	3
8	7	1	3	9	2	6	4	5
6	9	3	7	5	4	2	1	8
2	1	4	5	8	9	3	7	6
3	6	7	2	4	1	5	8	9
5	8	9	6	3	7	4	2	1
9	4	6	1	7	5	8	3	2
1	3	2	4	6	8	9	5	7
7	5	8	9	2	3	1	6	4

Solution 187

2	8	4	6	3	5	7	1	9
3	5	9	1	4	7	2	8	6
7	6	1	2	9	8	5	4	3
1	3	2	7	6	4	8	9	5
4	9	8	5	1	3	6	7	2
5	7	6	9	8	2	4	3	1
6	2	3	8	7	1	9	5	4
9	1	7	4	5	6	3	2	8
8	4	5	3	2	9	1	6	7

Solution 188

4	3	8	5	6	2	1	9	7
7	5	6	9	1	3	2	4	8
9	2	1	4	8	7	5	3	6
2	1	5	6	9	4	7	8	3
6	8	4	3	7	1	9	5	2
3	7	9	2	5	8	4	6	1
1	4	2	8	3	5	6	7	9
5	6	3	7	2	9	8	1	4
8	9	7	1	4	6	3	2	5

Solution 189

5	8	7	4	2	9	1	3	6
4	1	9	5	6	3	8	7	2
2	3	6	1	7	8	9	4	5
1	7	3	9	4	2	5	6	8
8	6	4	7	1	5	3	2	9
9	5	2	8	3	6	4	1	7
3	2	5	6	8	4	7	9	1
6	9	1	3	5	7	2	8	4
7	4	8	2	9	1	6	5	3

Solution 190

Solution 190

4	6	1	3	8	5	9	2	7
5	7	2	6	9	4	3	8	1
3	8	9	1	2	7	5	4	6
8	1	7	9	6	2	4	5	3
2	5	3	8	4	1	6	7	9
6	9	4	7	5	3	8	1	2
7	3	6	5	1	8	2	9	4
1	4	8	2	3	9	7	6	5
9	2	5	4	7	6	1	3	8

Solution 191

2	9	1	6	7	8	5	4	3
7	5	4	2	1	3	9	8	6
3	8	6	4	5	9	7	1	2
6	4	9	1	2	7	3	5	8
8	3	5	9	6	4	1	2	7
1	2	7	8	3	5	4	6	9
9	7	2	5	8	1	6	3	4
4	1	8	3	9	6	2	7	5
5	6	3	7	4	2	8	9	1

Solution 192

2	1	4	9	5	7	8	6	3
9	7	3	6	2	8	5	1	4
5	6	8	3	1	4	2	7	9
4	5	9	2	7	1	6	3	8
3	8	6	5	4	9	1	2	7
1	2	7	8	3	6	9	4	5
7	4	2	1	9	5	3	8	6
8	3	5	7	6	2	4	9	1
6	9	1	4	8	3	7	5	2

Solution 193

8	2	4	3	6	7	9	1	5
9	1	5	2	4	8	3	7	6
6	3	7	5	9	1	2	4	8
1	7	9	4	5	6	8	2	3
4	6	3	1	8	2	7	5	9
5	8	2	7	3	9	1	6	4
3	5	1	8	2	4	6	9	7
2	4	6	9	7	3	5	8	1
7	9	8	6	1	5	4	3	2

Solution 194

6	9	3	2	7	5	8	4	1
4	2	1	9	8	6	5	7	3
7	5	8	4	3	1	2	9	6
2	1	6	3	9	4	7	8	5
9	4	7	1	5	8	3	6	2
8	3	5	7	6	2	4	1	9
1	7	9	5	4	3	6	2	8
5	6	2	8	1	7	9	3	4
3	8	4	6	2	9	1	5	7

Solution 195

1	6	9	5	3	2	7	4	8
4	2	3	1	7	8	6	9	5
7	8	5	6	4	9	3	2	1
9	4	6	8	2	3	5	1	7
5	1	7	9	6	4	2	8	3
8	3	2	7	5	1	9	6	4
3	7	1	2	8	6	4	5	9
2	5	8	4	9	7	1	3	6
6	9	4	3	1	5	8	7	2

Solution 196

Solution 196

7	6	8	1	4	9	3	2	5
9	3	2	6	7	5	1	4	8
4	1	5	2	3	8	9	7	6
3	2	6	4	5	7	8	9	1
1	7	4	8	9	6	2	5	3
5	8	9	3	2	1	7	6	4
6	4	3	9	1	2	5	8	7
8	9	7	5	6	3	4	1	2
2	5	1	7	8	4	6	3	9

Solution 197

4	1	8	6	2	3	9	5	7
5	3	7	4	1	9	8	2	6
2	6	9	5	8	7	3	1	4
8	7	3	9	5	6	1	4	2
6	9	4	1	3	2	7	8	5
1	5	2	8	7	4	6	3	9
3	4	5	7	6	8	2	9	1
9	8	6	2	4	1	5	7	3
7	2	1	3	9	5	4	6	8

Solution 198

Solution 198

1	9	5	2	8	6	7	4	3
8	7	4	5	3	9	1	6	2
3	6	2	4	1	7	8	5	9
6	2	9	7	5	3	4	8	1
4	5	1	8	6	2	3	9	7
7	8	3	1	9	4	5	2	6
9	4	8	3	2	1	6	7	5
5	3	6	9	7	8	2	1	4
2	1	7	6	4	5	9	3	8

Solution 199

5	7	2	1	8	3	4	6	9
9	6	8	5	4	7	1	2	3
3	4	1	2	9	6	7	8	5
2	1	5	3	7	9	6	4	8
6	3	4	8	2	1	9	5	7
7	8	9	4	6	5	2	3	1
4	5	7	6	1	8	3	9	2
1	2	3	9	5	4	8	7	6
8	9	6	7	3	2	5	1	4

Solution 200

4	2	6	1	8	9	7	5	3
3	5	8	2	7	6	9	1	4
1	7	9	5	4	3	2	6	8
6	1	5	8	2	4	3	7	9
2	8	3	9	5	7	6	4	1
7	9	4	6	3	1	5	8	2
5	3	2	4	6	8	1	9	7
8	6	1	7	9	2	4	3	5
9	4	7	3	1	5	8	2	6

Solution 201

9	2	1	3	8	7	6	4	5
3	4	5	2	9	6	1	7	8
6	8	7	4	5	1	2	9	3
5	9	3	7	6	8	4	2	1
8	6	4	5	1	2	9	3	7
7	1	2	9	3	4	5	8	6
4	5	8	1	2	3	7	6	9
2	3	9	6	7	5	8	1	4
1	7	6	8	4	9	3	5	2

Solution 202

7	8	9	2	1	5	6	3	4
3	4	1	9	6	7	8	2	5
5	6	2	3	8	4	9	7	1
6	2	4	8	5	3	7	1	9
8	7	5	4	9	1	2	6	3
9	1	3	7	2	6	4	5	8
2	9	7	1	3	8	5	4	6
4	3	6	5	7	9	1	8	2
1	5	8	6	4	2	3	9	7

Solution 203

3	5	7	9	2	6	4	8	1
8	2	6	5	1	4	3	7	9
4	9	1	8	3	7	6	2	5
6	1	5	7	4	2	8	9	3
9	7	8	3	5	1	2	6	4
2	3	4	6	8	9	5	1	7
5	8	9	2	7	3	1	4	6
1	6	3	4	9	8	7	5	2
7	4	2	1	6	5	9	3	8

Solution 204

3	1	5	6	7	4	2	8	9
8	4	6	9	3	2	7	1	5
7	2	9	8	1	5	4	3	6
2	8	3	1	5	6	9	7	4
9	5	7	3	4	8	1	6	2
1	6	4	7	2	9	8	5	3
4	9	1	5	6	7	3	2	8
5	3	8	2	9	1	6	4	7
6	7	2	4	8	3	5	9	1

Solution 205

6	5	2	4	1	8	3	9	7
3	9	4	7	6	5	8	1	2
8	7	1	3	2	9	6	4	5
2	6	8	1	5	4	7	3	9
1	3	9	6	8	7	5	2	4
7	4	5	9	3	2	1	8	6
5	2	6	8	9	1	4	7	3
9	8	7	5	4	3	2	6	1
4	1	3	2	7	6	9	5	8

Solution 206

7	5	3	4	8	2	9	6	1
6	4	1	5	9	7	2	3	8
8	2	9	3	6	1	5	4	7
5	3	8	9	7	6	4	1	2
4	7	6	1	2	3	8	5	9
1	9	2	8	4	5	3	7	6
3	1	7	2	5	8	6	9	4
9	8	5	6	1	4	7	2	3
2	6	4	7	3	9	1	8	5

Solution 207

6	2	4	7	3	9	1	5	8
3	8	1	5	6	4	9	7	2
9	5	7	1	2	8	6	4	3
5	6	3	2	1	7	4	8	9
1	4	9	3	8	6	5	2	7
8	7	2	4	9	5	3	6	1
2	1	6	8	4	3	7	9	5
7	9	8	6	5	1	2	3	4
4	3	5	9	7	2	8	1	6

Solution 208

9	2	4	8	3	6	5	7	1
5	7	1	4	2	9	3	8	6
3	8	6	5	1	7	4	2	9
6	9	3	7	8	4	1	5	2
1	4	8	3	5	2	6	9	7
2	5	7	9	6	1	8	4	3
8	3	2	6	7	5	9	1	4
4	1	5	2	9	3	7	6	8
7	6	9	1	4	8	2	3	5

Solution 209

4	5	2	3	1	8	6	9	7
8	7	3	4	9	6	5	2	1
9	1	6	5	2	7	4	3	8
7	6	1	8	3	2	9	5	4
3	4	5	7	6	9	1	8	2
2	9	8	1	4	5	3	7	6
5	2	9	6	8	4	7	1	3
6	3	7	2	5	1	8	4	9
1	8	4	9	7	3	2	6	5

Solution 210

Solution 210

3	4	5	6	1	8	7	9	2
9	2	7	3	5	4	6	8	1
6	8	1	7	9	2	4	5	3
5	9	4	8	6	3	2	1	7
2	3	8	4	7	1	9	6	5
1	7	6	9	2	5	3	4	8
7	5	3	1	4	9	8	2	6
8	1	9	2	3	6	5	7	4
4	6	2	5	8	7	1	3	9

Solution 211

2	4	9	8	1	5	7	6	3
1	3	5	4	6	7	9	8	2
6	7	8	2	9	3	4	5	1
9	8	7	5	4	1	3	2	6
3	5	6	9	8	2	1	7	4
4	1	2	7	3	6	5	9	8
7	9	4	1	2	8	6	3	5
8	6	1	3	5	9	2	4	7
5	2	3	6	7	4	8	1	9

Solution 212

4	2	6	3	7	1	8	9	5
3	1	8	5	4	9	7	6	2
9	7	5	8	2	6	1	4	3
2	4	9	1	6	7	3	5	8
6	5	3	4	8	2	9	1	7
7	8	1	9	5	3	6	2	4
8	6	7	2	9	4	5	3	1
1	9	2	7	3	5	4	8	6
5	3	4	6	1	8	2	7	9

Solution 213

1	8	9	6	3	2	4	5	7
3	5	4	1	8	7	9	6	2
6	2	7	4	5	9	8	3	1
8	3	1	7	2	5	6	9	4
4	6	5	9	1	3	2	7	8
9	7	2	8	4	6	3	1	5
5	4	6	2	9	1	7	8	3
2	9	3	5	7	8	1	4	6
7	1	8	3	6	4	5	2	9

Solution 214

5	1	7	6	8	9	3	4	2
4	2	3	1	7	5	8	6	9
8	6	9	3	2	4	5	7	1
3	5	1	2	6	8	7	9	4
7	9	2	5	4	1	6	8	3
6	8	4	7	9	3	1	2	5
2	4	5	8	3	7	9	1	6
1	7	6	9	5	2	4	3	8
9	3	8	4	1	6	2	5	7

Solution 215

7	2	4	5	8	3	9	1	6
5	6	9	1	4	2	8	7	3
3	8	1	6	7	9	4	5	2
9	3	6	7	5	1	2	4	8
1	7	2	4	3	8	5	6	9
8	4	5	2	9	6	7	3	1
6	9	7	3	2	5	1	8	4
4	1	8	9	6	7	3	2	5
2	5	3	8	1	4	6	9	7

Solution 216

Solution 217

2	6	7	1	4	3	8	5	9
1	4	8	6	5	9	7	3	2
3	9	5	8	7	2	6	4	1
5	2	9	3	1	8	4	7	6
4	7	6	9	2	5	1	8	3
8	3	1	7	6	4	2	9	5
6	1	4	5	9	7	3	2	8
7	5	3	2	8	1	9	6	4
9	8	2	4	3	6	5	1	7

Solution 217

5	9	2	1	6	8	7	3	4
6	4	3	5	2	7	1	8	9
7	1	8	3	4	9	6	5	2
3	5	7	9	8	2	4	6	1
4	2	9	6	1	3	5	7	8
8	6	1	7	5	4	2	9	3
1	3	4	8	7	6	9	2	5
2	8	6	4	9	5	3	1	7
9	7	5	2	3	1	8	4	6

Solution 218

Solution 218

5	7	4	6	9	1	8	2	3
1	8	3	4	2	7	9	5	6
6	2	9	3	5	8	1	7	4
2	5	1	7	6	9	4	3	8
3	6	8	5	1	4	2	9	7
9	4	7	2	8	3	5	6	1
4	3	2	8	7	5	6	1	9
8	1	5	9	3	6	7	4	2
7	9	6	1	4	2	3	8	5

Solution 219

4	1	7	3	5	9	8	2	6
8	6	9	2	7	4	3	5	1
5	2	3	8	1	6	9	4	7
1	8	2	7	4	3	6	9	5
3	4	6	1	9	5	7	8	2
7	9	5	6	8	2	1	3	4
2	7	4	9	6	8	5	1	3
9	3	1	5	2	7	4	6	8
6	5	8	4	3	1	2	7	9

Solution 220

5	2	8	1	7	6	4	3	9
7	6	1	3	4	9	2	8	5
9	3	4	2	5	8	1	6	7
3	4	7	6	8	1	5	9	2
8	5	6	9	2	4	3	7	1
1	9	2	5	3	7	8	4	6
6	8	9	4	1	5	7	2	3
4	1	3	7	9	2	6	5	8
2	7	5	8	6	3	9	1	4

Solution 221

2	3	1	6	4	9	5	8	7
7	8	6	3	5	2	9	1	4
5	4	9	1	7	8	3	6	2
6	5	3	9	2	1	4	7	8
8	1	7	4	6	3	2	9	5
4	9	2	7	8	5	6	3	1
9	6	8	2	1	4	7	5	3
1	7	4	5	3	6	8	2	9
3	2	5	8	9	7	1	4	6

Solution 222

3	2	5	9	1	6	4	8	7
7	9	1	3	4	8	5	2	6
4	6	8	5	2	7	1	9	3
6	7	9	1	5	2	8	3	4
5	8	4	6	9	3	7	1	2
2	1	3	8	7	4	9	6	5
1	4	6	7	3	9	2	5	8
8	5	2	4	6	1	3	7	9
9	3	7	2	8	5	6	4	1

Solution 223

1	2	5	3	8	7	4	6	9
4	3	9	5	1	6	8	7	2
8	7	6	2	4	9	3	5	1
2	8	1	4	9	5	7	3	6
5	6	3	8	7	2	1	9	4
7	9	4	1	6	3	2	8	5
9	4	2	7	5	8	6	1	3
3	5	8	6	2	1	9	4	7
6	1	7	9	3	4	5	2	8

Solution 224

3	7	8	4	6	9	5	2	1
4	5	2	3	8	1	7	6	9
6	1	9	5	2	7	3	8	4
2	3	6	7	9	8	4	1	5
7	8	5	2	1	4	6	9	3
1	9	4	6	3	5	8	7	2
9	2	3	8	4	6	1	5	7
8	4	7	1	5	2	9	3	6
5	6	1	9	7	3	2	4	8

Solution 225

6	7	8	5	9	3	1	2	4
4	3	5	6	1	2	9	8	7
2	1	9	4	8	7	3	5	6
1	5	3	9	7	4	8	6	2
7	2	6	8	3	1	5	4	9
9	8	4	2	5	6	7	3	1
5	9	2	1	6	8	4	7	3
3	4	1	7	2	5	6	9	8
8	6	7	3	4	9	2	1	5

Solution 226

5	4	1	6	8	3	9	2	7
9	6	7	4	5	2	8	3	1
3	2	8	7	9	1	5	4	6
8	3	5	2	7	6	1	9	4
2	9	4	1	3	5	7	6	8
7	1	6	9	4	8	2	5	3
1	7	2	3	6	9	4	8	5
4	8	3	5	2	7	6	1	9
6	5	9	8	1	4	3	7	2

Solution 227

4	6	2	7	3	9	5	1	8
3	1	5	6	4	8	7	2	9
9	7	8	1	5	2	6	4	3
6	8	1	4	7	3	2	9	5
7	2	3	9	6	5	4	8	1
5	4	9	2	8	1	3	7	6
2	5	4	8	1	6	9	3	7
8	3	7	5	9	4	1	6	2
1	9	6	3	2	7	8	5	4

Solution 228

5	3	7	1	9	6	2	8	4
9	2	4	7	5	8	1	3	6
1	6	8	4	2	3	7	9	5
7	4	5	2	3	9	8	6	1
8	9	3	5	6	1	4	2	7
6	1	2	8	7	4	9	5	3
3	8	1	9	4	5	6	7	2
4	7	6	3	8	2	5	1	9
2	5	9	6	1	7	3	4	8

Solution 229

7	1	4	6	8	3	2	9	5
8	5	9	2	1	4	3	7	6
6	2	3	9	5	7	8	1	4
2	7	1	3	6	5	4	8	9
5	3	8	4	2	9	1	6	7
4	9	6	1	7	8	5	3	2
1	6	7	8	4	2	9	5	3
9	4	5	7	3	1	6	2	8
3	8	2	5	9	6	7	4	1

Solution 230

Solution 230

7	6	9	5	3	2	1	8	4
3	4	1	8	7	9	2	6	5
5	8	2	6	4	1	3	7	9
1	5	7	2	8	4	9	3	6
8	2	3	9	6	5	4	1	7
4	9	6	7	1	3	8	5	2
2	1	4	3	5	7	6	9	8
6	3	5	4	9	8	7	2	1
9	7	8	1	2	6	5	4	3

Solution 231

5	4	3	6	8	2	1	9	7
7	6	2	1	3	9	8	5	4
9	1	8	4	5	7	2	3	6
8	2	7	3	6	5	4	1	9
1	5	4	2	9	8	6	7	3
6	3	9	7	4	1	5	2	8
2	7	6	9	1	4	3	8	5
3	8	1	5	7	6	9	4	2
4	9	5	8	2	3	7	6	1

Solution 232

4	3	6	2	1	7	9	8	5
2	7	9	4	5	8	3	1	6
1	5	8	6	3	9	2	4	7
3	6	7	1	9	4	8	5	2
9	4	5	8	2	6	1	7	3
8	2	1	3	7	5	6	9	4
5	8	3	7	6	1	4	2	9
6	9	4	5	8	2	7	3	1
7	1	2	9	4	3	5	6	8

Solution 233

7	2	4	1	3	5	6	9	8
8	6	3	4	7	9	2	1	5
1	5	9	6	2	8	4	7	3
4	1	5	3	6	2	9	8	7
3	8	7	9	4	1	5	2	6
2	9	6	8	5	7	1	3	4
6	4	1	2	8	3	7	5	9
5	3	2	7	9	4	8	6	1
9	7	8	5	1	6	3	4	2

Solution 234

7	6	4	2	3	8	9	5	1
1	2	8	4	5	9	3	6	7
9	5	3	6	1	7	4	2	8
6	3	9	1	2	4	7	8	5
4	8	1	5	7	6	2	9	3
2	7	5	8	9	3	6	1	4
5	9	2	7	4	1	8	3	6
8	1	7	3	6	2	5	4	9
3	4	6	9	8	5	1	7	2

Solution 235

6	7	5	9	4	3	1	8	2
8	3	9	2	5	1	7	4	6
4	1	2	7	8	6	3	9	5
1	4	6	3	7	2	9	5	8
7	5	8	1	9	4	2	6	3
2	9	3	5	6	8	4	1	7
5	8	1	4	2	7	6	3	9
3	6	7	8	1	9	5	2	4
9	2	4	6	3	5	8	7	1

Solution 236

Solution 236

7	8	4	2	5	6	9	3	1
2	3	5	1	7	9	4	6	8
1	6	9	8	3	4	7	2	5
3	1	8	4	2	5	6	9	7
4	2	6	7	9	1	5	8	3
9	5	7	3	6	8	1	4	2
5	9	2	6	1	3	8	7	4
8	7	1	9	4	2	3	5	6
6	4	3	5	8	7	2	1	9

Solution 237

7	1	3	5	9	6	4	2	8
2	4	6	1	7	8	5	3	9
8	9	5	4	2	3	6	1	7
3	5	9	6	4	1	8	7	2
1	2	7	8	5	9	3	6	4
6	8	4	7	3	2	1	9	5
4	3	1	2	8	7	9	5	6
5	6	2	9	1	4	7	8	3
9	7	8	3	6	5	2	4	1

Solution 238

Solution 236

1	9	8	7	3	4	2	6	5
5	3	7	1	2	6	8	4	9
2	4	6	9	5	8	1	3	7
6	1	4	2	9	3	5	7	8
9	2	3	5	8	7	4	1	6
8	7	5	4	6	1	3	9	2
7	6	2	3	1	5	9	8	4
4	5	1	8	7	9	6	2	3
3	8	9	6	4	2	7	5	1

Solution 239

1	7	2	4	6	3	5	8	9
5	4	8	9	7	1	6	2	3
3	6	9	8	2	5	7	4	1
6	5	4	2	8	9	1	3	7
2	1	3	5	4	7	9	6	8
9	8	7	3	1	6	2	5	4
4	3	1	6	9	2	8	7	5
8	9	6	7	5	4	3	1	2
7	2	5	1	3	8	4	9	6

Solution 240

2	7	1	3	9	8	6	4	5
9	8	6	1	5	4	7	2	3
4	5	3	2	7	6	1	8	9
6	9	2	4	3	1	8	5	7
7	1	8	5	6	9	4	3	2
3	4	5	7	8	2	9	6	1
5	3	9	8	4	7	2	1	6
8	2	7	6	1	3	5	9	4
1	6	4	9	2	5	3	7	8

Solution 241

6	1	5	3	4	7	8	9	2
2	4	3	1	8	9	6	7	5
9	8	7	6	5	2	3	1	4
4	6	8	5	9	1	2	3	7
5	7	2	8	6	3	1	4	9
3	9	1	7	2	4	5	6	8
8	2	9	4	3	6	7	5	1
1	5	6	9	7	8	4	2	3
7	3	4	2	1	5	9	8	6

Solution 242

5	2	3	1	9	8	4	7	6
1	8	6	5	4	7	2	3	9
9	4	7	6	3	2	1	8	5
4	7	1	3	6	5	8	9	2
8	5	2	7	1	9	6	4	3
6	3	9	8	2	4	7	5	1
7	9	4	2	5	1	3	6	8
3	1	5	4	8	6	9	2	7
2	6	8	9	7	3	5	1	4

Solution 243

9	7	5	4	3	8	2	1	6
3	2	1	9	6	7	4	8	5
4	8	6	1	2	5	3	7	9
6	4	3	5	8	1	7	9	2
1	5	8	2	7	9	6	4	3
7	9	2	3	4	6	1	5	8
2	6	9	8	1	4	5	3	7
8	3	4	7	5	2	9	6	1
5	1	7	6	9	3	8	2	4

Solution 244

6	3	2	4	1	9	5	8	7
4	7	9	5	6	8	2	3	1
5	8	1	3	7	2	9	6	4
1	6	5	2	3	4	8	7	9
3	9	4	7	8	5	1	2	6
7	2	8	6	9	1	3	4	5
8	5	6	1	2	7	4	9	3
9	4	7	8	5	3	6	1	2
2	1	3	9	4	6	7	5	8

Solution 245

2	9	5	7	6	4	8	3	1
3	1	7	8	9	5	2	4	6
8	6	4	1	3	2	7	5	9
5	7	3	9	8	6	4	1	2
6	8	9	2	4	1	5	7	3
4	2	1	3	5	7	9	6	8
1	3	8	4	7	9	6	2	5
9	4	6	5	2	3	1	8	7
7	5	2	6	1	8	3	9	4

Solution 246

3	6	8	1	2	5	4	7	9
2	7	1	8	4	9	3	6	5
4	5	9	3	7	6	1	2	8
5	4	7	2	1	3	8	9	6
8	1	6	7	9	4	2	5	3
9	3	2	5	6	8	7	1	4
1	9	5	4	8	2	6	3	7
6	2	4	9	3	7	5	8	1
7	8	3	6	5	1	9	4	2

Solution 247

9	6	4	2	8	3	7	1	5
2	7	1	6	5	4	3	9	8
5	3	8	1	9	7	6	2	4
7	4	3	5	1	2	9	8	6
1	5	9	7	6	8	4	3	2
8	2	6	3	4	9	5	7	1
3	1	5	9	2	6	8	4	7
6	8	7	4	3	1	2	5	9
4	9	2	8	7	5	1	6	3

Solution 248

4	3	1	8	7	6	5	9	2
7	9	5	4	3	2	1	6	8
6	8	2	1	9	5	7	3	4
3	1	4	6	8	9	2	7	5
2	5	6	7	4	3	9	8	1
8	7	9	2	5	1	3	4	6
1	4	3	9	2	8	6	5	7
5	6	7	3	1	4	8	2	9
9	2	8	5	6	7	4	1	3

Solution 249

1	2	5	4	8	3	6	9	7
4	9	6	2	5	7	3	8	1
3	8	7	1	6	9	2	4	5
7	1	9	8	3	2	5	6	4
2	4	3	6	9	5	7	1	8
5	6	8	7	4	1	9	2	3
6	5	1	3	2	8	4	7	9
8	3	2	9	7	4	1	5	6
9	7	4	5	1	6	8	3	2

Solution 250

Solution 250

9	1	5	3	8	7	6	4	2
3	4	7	1	6	2	5	8	9
2	8	6	9	4	5	3	7	1
4	7	8	6	9	1	2	3	5
5	9	2	4	7	3	8	1	6
1	6	3	5	2	8	4	9	7
6	5	9	7	3	4	1	2	8
7	2	4	8	1	6	9	5	3
8	3	1	2	5	9	7	6	4

Solution 251

4	5	1	6	8	3	9	7	2
7	3	2	9	5	1	6	8	4
8	6	9	4	2	7	1	3	5
2	4	8	5	1	9	7	6	3
1	9	6	3	7	4	5	2	8
3	7	5	2	6	8	4	9	1
9	8	4	7	3	5	2	1	6
5	2	3	1	9	6	8	4	7
6	1	7	8	4	2	3	5	9

Solution 252

3	2	4	1	8	5	6	9	7
8	7	1	4	6	9	2	3	5
6	5	9	7	3	2	8	1	4
5	8	3	2	1	4	9	7	6
2	1	6	9	7	3	4	5	8
4	9	7	8	5	6	3	2	1
7	3	5	6	2	8	1	4	9
9	6	2	5	4	1	7	8	3
1	4	8	3	9	7	5	6	2

Solution 253

1	8	5	2	3	4	6	7	9
7	9	2	5	6	1	8	3	4
3	4	6	7	9	8	5	1	2
5	2	3	8	4	9	7	6	1
8	7	9	6	1	2	4	5	3
4	6	1	3	7	5	2	9	8
6	1	8	4	5	3	9	2	7
2	3	7	9	8	6	1	4	5
9	5	4	1	2	7	3	8	6

Solution 254

5	9	4	8	3	7	2	1	6
2	8	7	1	6	4	5	9	3
6	3	1	5	2	9	7	4	8
9	1	3	7	4	2	8	6	5
7	6	8	3	1	5	9	2	4
4	5	2	9	8	6	1	3	7
8	2	9	4	7	3	6	5	1
3	7	6	2	5	1	4	8	9
1	4	5	6	9	8	3	7	2

Solution 255

2	6	7	5	3	4	9	8	1
4	8	3	6	9	1	2	7	5
9	5	1	8	7	2	4	3	6
1	7	8	3	2	5	6	4	9
3	9	5	7	4	6	8	1	2
6	2	4	9	1	8	7	5	3
8	3	2	4	5	9	1	6	7
5	4	9	1	6	7	3	2	8
7	1	6	2	8	3	5	9	4

Solution 256

Solution 256

4	9	1	5	3	6	2	8	7
3	6	5	2	8	7	9	4	1
2	7	8	1	4	9	6	5	3
7	8	3	6	9	2	4	1	5
5	4	9	3	7	1	8	2	6
1	2	6	4	5	8	3	7	9
6	3	7	8	2	5	1	9	4
9	1	2	7	6	4	5	3	8
8	5	4	9	1	3	7	6	2

Solution 257

9	8	2	5	3	4	1	6	7
6	4	1	2	9	7	3	5	8
5	3	7	6	8	1	4	2	9
3	7	6	8	1	5	9	4	2
1	2	4	7	6	9	8	3	5
8	9	5	4	2	3	7	1	6
4	5	9	3	7	6	2	8	1
2	1	3	9	5	8	6	7	4
7	6	8	1	4	2	5	9	3

Solution 258

Solution 258

1	2	4	5	3	6	7	8	9
7	5	3	9	1	8	6	2	4
6	9	8	7	4	2	5	1	3
4	6	1	3	8	7	2	9	5
2	7	5	4	6	9	8	3	1
8	3	9	2	5	1	4	6	7
5	1	2	6	9	4	3	7	8
3	8	6	1	7	5	9	4	2
9	4	7	8	2	3	1	5	6

Solution 259

9	7	2	1	5	6	8	3	4
3	8	6	7	9	4	5	1	2
1	5	4	3	2	8	7	9	6
8	9	5	2	3	7	6	4	1
4	6	3	8	1	9	2	5	7
2	1	7	6	4	5	3	8	9
6	2	1	4	8	3	9	7	5
7	3	9	5	6	1	4	2	8
5	4	8	9	7	2	1	6	3

Solution 260

6	3	8	1	5	4	9	7	2
1	5	9	7	8	2	3	4	6
2	7	4	9	6	3	8	1	5
5	8	1	2	3	9	4	6	7
4	6	7	5	1	8	2	9	3
3	9	2	6	4	7	5	8	1
7	2	3	4	9	6	1	5	8
9	1	6	8	2	5	7	3	4
8	4	5	3	7	1	6	2	9

Solution 261

3	6	9	2	5	4	1	7	8
4	1	8	6	9	7	5	2	3
7	2	5	1	3	8	9	4	6
2	8	4	9	1	5	6	3	7
9	7	6	3	4	2	8	5	1
5	3	1	7	8	6	2	9	4
8	4	3	5	6	9	7	1	2
1	9	2	8	7	3	4	6	5
6	5	7	4	2	1	3	8	9

Solution 262

5	6	7	2	8	3	9	4	1
1	2	9	7	6	4	5	3	8
3	8	4	5	9	1	6	2	7
6	9	1	3	5	2	8	7	4
2	7	5	6	4	8	1	9	3
8	4	3	9	1	7	2	6	5
4	5	2	1	7	9	3	8	6
7	3	6	8	2	5	4	1	9
9	1	8	4	3	6	7	5	2

Solution 263

6	9	1	3	7	8	5	4	2
8	4	7	1	5	2	3	6	9
5	3	2	6	4	9	1	8	7
9	2	8	4	3	6	7	5	1
3	1	4	7	8	5	2	9	6
7	6	5	2	9	1	4	3	8
1	5	9	8	2	4	6	7	3
4	7	6	9	1	3	8	2	5
2	8	3	5	6	7	9	1	4

Solution 264

2	1	3	8	5	7	4	6	9
8	6	4	2	1	9	3	5	7
5	7	9	4	6	3	8	2	1
4	5	6	9	7	1	2	8	3
3	9	2	6	4	8	1	7	5
1	8	7	3	2	5	6	9	4
7	4	8	5	3	2	9	1	6
9	3	1	7	8	6	5	4	2
6	2	5	1	9	4	7	3	8

Solution 265

1	6	9	8	5	4	3	7	2
4	2	3	9	1	7	5	6	8
8	7	5	2	3	6	4	9	1
7	3	6	1	4	2	8	5	9
5	8	1	7	9	3	6	2	4
9	4	2	5	6	8	1	3	7
6	9	8	4	2	5	7	1	3
3	1	4	6	7	9	2	8	5
2	5	7	3	8	1	9	4	6

Solution 266

5	7	9	8	3	6	4	1	2
1	6	8	5	2	4	7	3	9
2	3	4	1	7	9	5	8	6
7	2	5	4	6	3	1	9	8
8	9	1	7	5	2	3	6	4
6	4	3	9	1	8	2	7	5
3	8	2	6	4	7	9	5	1
4	5	6	3	9	1	8	2	7
9	1	7	2	8	5	6	4	3

Solution 267

3	8	6	2	4	1	9	5	7
2	7	9	5	6	8	3	1	4
4	5	1	7	9	3	8	6	2
6	1	2	9	3	4	7	8	5
5	3	8	1	2	7	6	4	9
7	9	4	8	5	6	2	3	1
8	4	7	6	1	2	5	9	3
1	2	5	3	8	9	4	7	6
9	6	3	4	7	5	1	2	8

Solution 268

5	7	3	2	9	8	4	6	1
9	6	8	3	1	4	7	2	5
2	4	1	6	5	7	8	3	9
7	2	6	8	4	9	1	5	3
1	5	4	7	3	6	9	8	2
8	3	9	5	2	1	6	7	4
3	9	7	4	6	2	5	1	8
4	8	5	1	7	3	2	9	6
6	1	2	9	8	5	3	4	7

Solution 269

8	3	2	1	4	5	6	9	7
1	5	4	7	9	6	2	3	8
7	6	9	3	2	8	4	1	5
4	1	5	2	7	9	8	6	3
2	8	6	5	1	3	7	4	9
9	7	3	6	8	4	5	2	1
5	2	8	4	3	1	9	7	6
3	9	7	8	6	2	1	5	4
6	4	1	9	5	7	3	8	2

Solution 270

Solution 270

1	7	9	4	5	2	8	3	6
6	2	3	7	8	1	5	9	4
8	4	5	3	9	6	2	1	7
5	3	8	9	4	7	6	2	1
2	1	4	5	6	8	3	7	9
9	6	7	2	1	3	4	5	8
3	9	6	8	7	5	1	4	2
7	5	1	6	2	4	9	8	3
4	8	2	1	3	9	7	6	5

Solution 271

7	6	1	8	3	4	5	2	9
3	2	4	7	9	5	8	6	1
8	9	5	2	1	6	7	4	3
5	3	7	1	2	8	4	9	6
4	8	9	5	6	3	1	7	2
2	1	6	9	4	7	3	5	8
6	5	8	3	7	2	9	1	4
1	4	3	6	5	9	2	8	7
9	7	2	4	8	1	6	3	5

Solution 272

4	2	8	3	6	5	7	9	1
9	3	5	7	1	8	6	4	2
1	7	6	9	2	4	5	3	8
8	1	2	6	9	3	4	5	7
5	6	7	2	4	1	3	8	9
3	9	4	5	8	7	1	2	6
7	4	1	8	3	2	9	6	5
6	8	3	1	5	9	2	7	4
2	5	9	4	7	6	8	1	3

Solution 273

4	8	1	3	2	5	9	6	7
3	6	9	7	1	8	5	4	2
7	5	2	4	6	9	3	8	1
6	4	8	1	5	3	2	7	9
2	9	3	6	8	7	1	5	4
5	1	7	9	4	2	6	3	8
1	2	5	8	7	6	4	9	3
9	7	6	2	3	4	8	1	5
8	3	4	5	9	1	7	2	6

Solution 274

8	3	5	6	1	9	7	2	4
1	6	9	4	7	2	5	8	3
4	2	7	8	3	5	1	9	6
9	5	6	2	8	4	3	1	7
7	4	3	1	9	6	8	5	2
2	1	8	3	5	7	6	4	9
6	7	1	9	4	8	2	3	5
3	9	2	5	6	1	4	7	8
5	8	4	7	2	3	9	6	1

Solution 275

6	4	5	9	7	3	1	8	2
3	8	7	2	5	1	4	9	6
2	1	9	4	8	6	3	5	7
1	9	2	5	6	7	8	3	4
4	5	8	3	9	2	6	7	1
7	6	3	8	1	4	9	2	5
8	2	6	1	3	5	7	4	9
5	3	1	7	4	9	2	6	8
9	7	4	6	2	8	5	1	3

Solution 276

Solution 276

9	8	3	5	1	2	7	4	6
4	7	1	8	6	9	3	2	5
5	6	2	3	4	7	8	1	9
3	5	9	6	2	8	1	7	4
2	1	8	4	7	5	6	9	3
6	4	7	1	9	3	5	8	2
8	3	4	2	5	1	9	6	7
7	2	5	9	8	6	4	3	1
1	9	6	7	3	4	2	5	8

Solution 277

5	2	1	4	3	9	7	6	8
3	4	6	1	8	7	9	5	2
8	7	9	2	6	5	3	1	4
7	3	4	5	2	6	1	8	9
2	1	5	7	9	8	4	3	6
6	9	8	3	4	1	5	2	7
9	5	2	8	1	4	6	7	3
1	6	3	9	7	2	8	4	5
4	8	7	6	5	3	2	9	1

Solution 278

Solution 278

6	9	3	1	2	4	7	8	5
1	2	4	5	8	7	9	6	3
8	5	7	6	9	3	1	2	4
7	8	5	9	1	2	3	4	6
3	6	9	7	4	8	2	5	1
4	1	2	3	5	6	8	7	9
2	3	1	4	7	5	6	9	8
5	7	6	8	3	9	4	1	2
9	4	8	2	6	1	5	3	7

Solution 279

2	3	6	9	7	5	4	8	1
9	1	7	2	8	4	6	3	5
8	4	5	3	6	1	9	7	2
1	8	4	7	5	2	3	6	9
7	5	2	6	3	9	8	1	4
6	9	3	1	4	8	2	5	7
3	6	9	4	1	7	5	2	8
4	7	8	5	2	6	1	9	3
5	2	1	8	9	3	7	4	6

Solution 280

1	5	9	7	8	2	6	3	4
7	4	6	9	5	3	8	2	1
3	8	2	4	6	1	9	5	7
8	2	3	5	1	9	7	4	6
6	7	5	3	4	8	1	9	2
9	1	4	6	2	7	5	8	3
4	9	1	8	3	6	2	7	5
5	6	7	2	9	4	3	1	8
2	3	8	1	7	5	4	6	9

Solution 281

4	5	6	1	2	7	9	8	3
1	9	3	6	5	8	2	7	4
7	2	8	4	9	3	6	5	1
9	7	4	2	3	6	5	1	8
8	3	5	9	4	1	7	6	2
6	1	2	7	8	5	4	3	9
5	4	7	3	1	9	8	2	6
3	6	9	8	7	2	1	4	5
2	8	1	5	6	4	3	9	7

Solution 282

6	5	3	9	2	1	8	4	7
2	8	4	3	7	6	5	9	1
9	1	7	5	8	4	3	2	6
4	2	8	6	3	9	1	7	5
7	9	5	8	1	2	6	3	4
1	3	6	7	4	5	2	8	9
3	7	1	4	5	8	9	6	2
8	6	2	1	9	7	4	5	3
5	4	9	2	6	3	7	1	8

Solution 283

9	1	3	8	4	2	5	7	6
6	8	7	9	1	5	4	2	3
5	2	4	7	3	6	1	9	8
7	5	1	6	2	4	3	8	9
3	6	9	5	7	8	2	1	4
2	4	8	3	9	1	6	5	7
4	9	6	2	5	7	8	3	1
8	3	5	1	6	9	7	4	2
1	7	2	4	8	3	9	6	5

Solution 284

8	1	4	7	2	9	6	5	3
3	5	9	6	1	4	7	8	2
6	7	2	3	5	8	9	4	1
4	9	8	1	6	7	2	3	5
7	6	3	5	8	2	4	1	9
5	2	1	4	9	3	8	7	6
1	8	5	9	4	6	3	2	7
2	3	6	8	7	1	5	9	4
9	4	7	2	3	5	1	6	8

Solution 285

3	7	9	5	2	4	1	8	6
1	5	4	8	9	6	7	3	2
8	6	2	7	1	3	4	9	5
2	9	6	3	5	7	8	4	1
4	1	7	6	8	2	3	5	9
5	3	8	9	4	1	6	2	7
9	4	1	2	6	8	5	7	3
6	2	3	4	7	5	9	1	8
7	8	5	1	3	9	2	6	4

Solution 286

3	7	1	8	9	6	4	2	5
2	4	8	5	7	1	3	9	6
5	9	6	4	3	2	8	1	7
7	1	3	6	2	4	9	5	8
4	6	9	7	8	5	2	3	1
8	2	5	9	1	3	7	6	4
9	3	7	1	5	8	6	4	2
6	5	2	3	4	7	1	8	9
1	8	4	2	6	9	5	7	3

Solution 287

6	9	8	5	2	4	1	7	3
1	2	5	3	9	7	4	6	8
4	3	7	8	6	1	5	9	2
5	1	2	4	3	9	6	8	7
8	7	3	1	5	6	9	2	4
9	4	6	2	7	8	3	1	5
3	5	1	9	8	2	7	4	6
2	6	9	7	4	3	8	5	1
7	8	4	6	1	5	2	3	9

Solution 288

9	3	1	7	8	4	6	5	2
7	8	4	5	2	6	3	9	1
5	2	6	3	9	1	8	4	7
8	4	5	6	3	2	1	7	9
2	6	3	9	1	7	5	8	4
1	9	7	8	4	5	2	3	6
3	1	2	4	5	9	7	6	8
6	5	9	2	7	8	4	1	3
4	7	8	1	6	3	9	2	5

Solution 289

2	9	7	4	5	8	3	6	1
3	5	6	7	1	2	9	4	8
4	1	8	9	6	3	5	2	7
5	6	2	1	9	4	7	8	3
1	4	3	6	8	7	2	9	5
7	8	9	3	2	5	6	1	4
8	3	1	2	7	6	4	5	9
6	7	5	8	4	9	1	3	2
9	2	4	5	3	1	8	7	6

Solution 290

Solution 290

9	2	3	7	5	4	6	8	1
8	7	4	3	6	1	5	9	2
5	6	1	8	9	2	4	3	7
1	3	5	2	7	9	8	4	6
2	8	6	4	1	5	3	7	9
4	9	7	6	8	3	2	1	5
6	5	8	1	4	7	9	2	3
3	1	9	5	2	8	7	6	4
7	4	2	9	3	6	1	5	8

Solution 291

8	4	5	2	3	9	1	6	7
6	2	7	1	5	4	3	8	9
3	1	9	6	8	7	5	2	4
9	6	4	7	2	5	8	1	3
1	7	8	9	6	3	4	5	2
5	3	2	4	1	8	7	9	6
2	9	3	5	4	1	6	7	8
4	5	6	8	7	2	9	3	1
7	8	1	3	9	6	2	4	5

Solution 292

3	2	9	4	5	7	1	8	6
6	4	5	2	1	8	9	3	7
8	1	7	6	9	3	2	4	5
1	6	4	3	8	9	7	5	2
2	9	3	5	7	6	4	1	8
5	7	8	1	4	2	3	6	9
7	8	1	9	3	5	6	2	4
4	5	2	7	6	1	8	9	3
9	3	6	8	2	4	5	7	1

Solution 293

2	3	6	4	9	7	1	5	8
1	5	4	2	8	3	9	7	6
9	7	8	6	5	1	4	2	3
8	2	5	1	6	9	3	4	7
7	9	3	5	2	4	6	8	1
4	6	1	7	3	8	2	9	5
5	4	9	8	1	6	7	3	2
3	1	2	9	7	5	8	6	4
6	8	7	3	4	2	5	1	9

Solution 294

6	9	8	2	3	1	4	7	5
4	7	3	5	8	6	9	1	2
5	1	2	7	9	4	3	6	8
7	5	1	9	2	3	6	8	4
3	2	9	6	4	8	1	5	7
8	4	6	1	5	7	2	9	3
9	3	4	8	6	5	7	2	1
2	8	7	3	1	9	5	4	6
1	6	5	4	7	2	8	3	9

Solution 295

8	2	6	9	3	7	5	4	1
3	9	5	4	6	1	7	2	8
4	1	7	2	5	8	9	3	6
1	7	3	6	4	9	8	5	2
6	5	4	7	8	2	3	1	9
2	8	9	3	1	5	4	6	7
7	4	8	5	2	6	1	9	3
9	3	2	1	7	4	6	8	5
5	6	1	8	9	3	2	7	4

Solution 296

Solution 296

3	7	4	6	2	1	8	9	5
9	5	6	4	3	8	2	1	7
8	1	2	9	7	5	6	3	4
4	6	9	3	5	7	1	2	8
2	3	7	8	1	6	4	5	9
5	8	1	2	9	4	3	7	6
6	9	5	1	4	3	7	8	2
1	2	8	7	6	9	5	4	3
7	4	3	5	8	2	9	6	1

Solution 297

5	1	3	8	9	2	6	7	4
2	7	6	3	5	4	8	1	9
4	8	9	6	1	7	3	5	2
6	2	8	7	4	5	9	3	1
7	5	1	9	2	3	4	8	6
3	9	4	1	6	8	5	2	7
9	3	2	4	8	1	7	6	5
1	6	7	5	3	9	2	4	8
8	4	5	2	7	6	1	9	3

Solution 298

Solution 298

7	8	1	5	3	2	6	9	4
4	6	9	8	1	7	5	3	2
3	2	5	4	9	6	1	8	7
1	3	2	9	8	5	4	7	6
5	4	6	7	2	3	9	1	8
8	9	7	6	4	1	3	2	5
6	7	3	1	5	8	2	4	9
9	1	8	2	6	4	7	5	3
2	5	4	3	7	9	8	6	1

Solution 299

7	2	1	8	9	5	6	3	4
8	9	4	6	7	3	5	2	1
3	6	5	2	1	4	7	9	8
5	3	6	9	8	1	4	7	2
4	1	2	3	6	7	9	8	5
9	8	7	5	4	2	3	1	6
6	7	8	1	5	9	2	4	3
2	5	9	4	3	8	1	6	7
1	4	3	7	2	6	8	5	9

Solution 280

9	3	1	5	7	8	6	4	2
2	4	6	9	1	3	7	8	5
7	5	8	4	2	6	3	1	9
5	2	3	1	8	4	9	6	7
8	7	9	2	6	5	1	3	4
1	6	4	7	3	9	5	2	8
4	1	7	6	5	2	8	9	3
6	8	2	3	9	7	4	5	1
3	9	5	8	4	1	2	7	6

Solution 301

8	9	2	5	3	7	1	4	6
3	5	7	6	1	4	2	9	8
6	4	1	9	2	8	3	7	5
5	2	8	7	6	1	9	3	4
7	3	4	8	5	9	6	1	2
9	1	6	3	4	2	8	5	7
4	7	3	1	8	6	5	2	9
1	6	9	2	7	5	4	8	3
2	8	5	4	9	3	7	6	1

Solution 302

4	3	7	8	9	6	5	2	1
8	1	9	4	2	5	3	6	7
5	2	6	1	7	3	8	9	4
3	5	8	7	4	2	9	1	6
6	7	4	5	1	9	2	3	8
2	9	1	6	3	8	7	4	5
9	4	5	2	8	1	6	7	3
7	6	2	3	5	4	1	8	9
1	8	3	9	6	7	4	5	2

Solution 303

2	9	5	1	3	8	6	4	7
4	7	6	9	2	5	1	8	3
1	8	3	7	4	6	9	5	2
7	6	2	3	9	4	5	1	8
5	1	4	2	8	7	3	9	6
9	3	8	6	5	1	7	2	4
3	4	7	8	1	9	2	6	5
6	5	9	4	7	2	8	3	1
8	2	1	5	6	3	4	7	9

Solution 304

6	7	4	1	2	9	3	5	8
1	8	3	4	5	7	2	6	9
2	9	5	3	8	6	4	7	1
4	6	9	2	1	5	8	3	7
3	1	8	6	7	4	5	9	2
5	2	7	8	9	3	1	4	6
9	5	2	7	3	1	6	8	4
8	3	6	9	4	2	7	1	5
7	4	1	5	6	8	9	2	3

Solution 305

1	6	4	3	8	7	5	2	9
3	8	9	2	4	5	1	7	6
2	7	5	1	9	6	8	3	4
4	3	6	7	5	8	2	9	1
5	2	8	9	1	3	4	6	7
9	1	7	6	2	4	3	8	5
6	9	1	5	3	2	7	4	8
8	5	2	4	7	9	6	1	3
7	4	3	8	6	1	9	5	2

Solution 306

5	7	6	2	4	1	3	8	9
8	2	3	9	5	7	1	6	4
9	4	1	8	3	6	5	2	7
3	1	8	7	9	5	6	4	2
7	9	5	6	2	4	8	3	1
4	6	2	1	8	3	9	7	5
6	8	4	5	1	2	7	9	3
1	3	9	4	7	8	2	5	6
2	5	7	3	6	9	4	1	8

Solution 307

4	2	9	8	1	6	3	5	7
6	3	1	5	2	7	9	8	4
8	7	5	4	3	9	2	1	6
5	9	2	7	4	8	6	3	1
3	4	8	1	6	2	7	9	5
7	1	6	3	9	5	4	2	8
1	6	7	2	8	3	5	4	9
2	5	4	9	7	1	8	6	3
9	8	3	6	5	4	1	7	2

Solution 308

4	2	3	7	5	6	9	1	8
5	1	8	4	2	9	6	7	3
6	7	9	3	1	8	4	2	5
3	6	4	9	8	1	2	5	7
7	8	1	2	4	5	3	9	6
2	9	5	6	3	7	8	4	1
8	5	2	1	9	3	7	6	4
1	4	6	8	7	2	5	3	9
9	3	7	5	6	4	1	8	2

Solution 309

8	7	9	5	6	3	4	1	2
5	2	4	7	9	1	3	6	8
3	6	1	2	8	4	5	7	9
2	1	5	9	7	6	8	3	4
7	4	8	3	5	2	6	9	1
6	9	3	4	1	8	2	5	7
1	3	7	8	2	5	9	4	6
9	5	2	6	4	7	1	8	3
4	8	6	1	3	9	7	2	5

Solution 310

Solution 310

7	1	2	8	6	9	5	3	4
4	6	3	5	7	2	1	9	8
9	5	8	4	1	3	6	7	2
5	3	6	2	4	8	9	1	7
1	9	4	3	5	7	2	8	6
2	8	7	6	9	1	4	5	3
3	4	1	7	2	5	8	6	9
6	7	9	1	8	4	3	2	5
8	2	5	9	3	6	7	4	1

Solution 311

1	2	6	9	8	7	5	3	4
3	9	8	5	4	1	7	6	2
5	4	7	3	6	2	1	9	8
6	3	2	7	1	5	4	8	9
9	8	1	4	2	6	3	5	7
4	7	5	8	9	3	2	1	6
2	1	3	6	7	8	9	4	5
7	6	4	1	5	9	8	2	3
8	5	9	2	3	4	6	7	1

Solution 312

9	1	6	7	3	8	2	5	4
4	8	5	6	1	2	7	3	9
2	7	3	5	4	9	8	1	6
8	6	2	4	7	1	5	9	3
7	9	1	2	5	3	4	6	8
5	3	4	8	9	6	1	2	7
6	4	8	3	2	5	9	7	1
3	2	9	1	8	7	6	4	5
1	5	7	9	6	4	3	8	2

Solution 313

2	3	6	7	9	4	5	1	8
5	8	9	2	1	3	4	7	6
1	4	7	8	6	5	2	3	9
9	6	2	5	8	1	3	4	7
7	5	4	6	3	2	9	8	1
3	1	8	9	4	7	6	5	2
4	9	1	3	7	6	8	2	5
6	7	5	4	2	8	1	9	3
8	2	3	1	5	9	7	6	4

Solution 314

7	2	1	3	8	9	4	5	6
3	4	5	7	6	2	8	1	9
6	8	9	5	1	4	3	7	2
2	9	8	4	7	5	1	6	3
1	3	6	9	2	8	5	4	7
5	7	4	6	3	1	2	9	8
8	5	3	1	9	7	6	2	4
9	1	2	8	4	6	7	3	5
4	6	7	2	5	3	9	8	1

Solution 315

7	3	8	4	1	2	5	9	6
4	9	1	8	5	6	3	7	2
5	6	2	9	3	7	1	8	4
9	2	6	3	4	1	7	5	8
8	5	4	6	7	9	2	1	3
1	7	3	5	2	8	4	6	9
3	8	5	7	9	4	6	2	1
6	1	7	2	8	3	9	4	5
2	4	9	1	6	5	8	3	7

Solution 316

Solution 316

1	9	2	7	3	4	5	8	6
3	4	5	2	6	8	9	7	1
8	6	7	5	1	9	3	2	4
7	3	9	1	2	6	4	5	8
2	1	6	8	4	5	7	3	9
4	5	8	3	9	7	1	6	2
5	8	4	6	7	1	2	9	3
9	7	3	4	8	2	6	1	5
6	2	1	9	5	3	8	4	7

Solution 317

5	9	3	6	1	7	8	2	4
6	2	8	3	9	4	5	1	7
7	1	4	8	2	5	6	9	3
8	6	7	5	3	2	9	4	1
3	5	1	7	4	9	2	8	6
2	4	9	1	6	8	7	3	5
1	8	6	2	5	3	4	7	9
4	7	5	9	8	1	3	6	2
9	3	2	4	7	6	1	5	8

Solution 318

Solution 318

3	6	2	1	7	5	9	4	8
1	8	7	4	2	9	5	3	6
9	5	4	3	6	8	7	1	2
4	9	8	2	3	7	6	5	1
5	1	6	8	9	4	3	2	7
2	7	3	5	1	6	4	8	9
7	4	1	9	5	2	8	6	3
6	3	5	7	8	1	2	9	4
8	2	9	6	4	3	1	7	5

Solution 319

7	3	6	5	4	8	1	2	9
8	4	2	7	9	1	6	5	3
9	1	5	3	2	6	4	7	8
2	8	3	1	5	9	7	6	4
4	6	1	2	7	3	9	8	5
5	7	9	6	8	4	3	1	2
6	5	8	9	3	7	2	4	1
3	2	7	4	1	5	8	9	6
1	9	4	8	6	2	5	3	7

Solution 320

2	5	1	7	8	3	6	4	9
7	4	9	1	5	6	2	3	8
6	8	3	2	4	9	7	1	5
8	9	2	6	1	4	5	7	3
4	3	5	9	7	8	1	6	2
1	7	6	3	2	5	9	8	4
5	1	8	4	6	2	3	9	7
3	6	4	5	9	7	8	2	1
9	2	7	8	3	1	4	5	6

Solution 321

5	4	1	6	7	3	8	9	2
7	9	3	4	8	2	6	5	1
2	8	6	5	1	9	3	4	7
3	6	7	2	9	5	4	1	8
8	5	2	3	4	1	7	6	9
4	1	9	7	6	8	2	3	5
1	2	5	8	3	4	9	7	6
6	3	8	9	5	7	1	2	4
9	7	4	1	2	6	5	8	3

Solution 322

6	7	2	8	9	5	3	4	1
1	3	5	6	7	4	8	9	2
4	8	9	3	1	2	5	6	7
7	4	6	9	3	8	2	1	5
5	1	3	4	2	7	9	8	6
2	9	8	1	5	6	4	7	3
9	5	4	2	6	1	7	3	8
8	2	1	7	4	3	6	5	9
3	6	7	5	8	9	1	2	4

Solution 323

3	1	8	5	7	9	2	6	4
5	6	4	1	8	2	7	3	9
7	9	2	6	4	3	8	1	5
4	8	5	7	3	1	9	2	6
1	3	9	2	6	4	5	8	7
6	2	7	9	5	8	1	4	3
9	5	3	8	2	6	4	7	1
2	4	1	3	9	7	6	5	8
8	7	6	4	1	5	3	9	2

Solution 324

5	3	7	1	2	6	4	9	8
4	9	8	5	3	7	2	6	1
2	1	6	9	8	4	5	3	7
9	2	4	6	1	3	8	7	5
3	6	1	7	5	8	9	4	2
7	8	5	2	4	9	3	1	6
6	4	3	8	7	2	1	5	9
8	5	9	3	6	1	7	2	4
1	7	2	4	9	5	6	8	3

Solution 325

9	2	1	8	3	4	6	7	5
5	3	8	9	7	6	1	4	2
7	6	4	2	5	1	3	8	9
8	4	5	6	9	3	2	1	7
2	7	3	5	1	8	4	9	6
1	9	6	7	4	2	5	3	8
4	8	2	3	6	9	7	5	1
3	5	9	1	2	7	8	6	4
6	1	7	4	8	5	9	2	3

Solution 326

4	3	6	8	1	5	7	2	9
5	1	2	6	9	7	3	8	4
7	9	8	3	2	4	5	1	6
2	6	7	5	3	9	8	4	1
8	5	9	2	4	1	6	3	7
1	4	3	7	6	8	2	9	5
9	2	5	4	8	6	1	7	3
3	7	1	9	5	2	4	6	8
6	8	4	1	7	3	9	5	2

Solution 327

6	4	8	3	2	7	1	5	9
5	9	2	4	1	8	6	3	7
7	3	1	5	6	9	4	2	8
3	8	9	6	4	2	5	7	1
2	5	4	8	7	1	3	9	6
1	7	6	9	5	3	8	4	2
9	1	3	7	8	4	2	6	5
8	6	7	2	3	5	9	1	4
4	2	5	1	9	6	7	8	3

Solution 328

4	9	6	2	1	5	7	8	3
5	8	2	4	3	7	1	9	6
3	1	7	6	8	9	4	5	2
6	7	8	1	4	2	5	3	9
1	2	4	5	9	3	8	6	7
9	5	3	7	6	8	2	4	1
2	6	9	8	7	4	3	1	5
8	3	5	9	2	1	6	7	4
7	4	1	3	5	6	9	2	8

Solution 329

7	2	4	5	9	3	8	1	6
6	8	5	1	4	7	9	3	2
3	1	9	8	6	2	4	5	7
9	6	8	3	7	4	5	2	1
4	5	3	9	2	1	6	7	8
2	7	1	6	8	5	3	4	9
8	4	7	2	5	6	1	9	3
1	9	2	4	3	8	7	6	5
5	3	6	7	1	9	2	8	4

Solution 330

Solution 330

5	7	2	1	6	3	4	9	8
6	1	9	8	4	2	7	3	5
8	3	4	9	5	7	1	2	6
1	4	8	2	7	6	9	5	3
2	5	7	4	3	9	8	6	1
9	6	3	5	1	8	2	7	4
4	9	5	6	2	1	3	8	7
3	2	1	7	8	5	6	4	9
7	8	6	3	9	4	5	1	2

Solution 331

4	6	8	5	2	9	3	1	7
3	7	9	8	1	4	2	5	6
5	1	2	7	3	6	8	4	9
2	3	7	6	9	5	4	8	1
6	5	1	4	8	2	9	7	3
8	9	4	1	7	3	6	2	5
7	2	6	9	5	8	1	3	4
1	4	3	2	6	7	5	9	8
9	8	5	3	4	1	7	6	2

Solution 332

1	5	3	4	7	2	8	6	9
6	8	2	3	5	9	7	4	1
4	9	7	6	1	8	3	5	2
5	1	8	9	6	4	2	3	7
3	7	6	5	2	1	4	9	8
2	4	9	8	3	7	6	1	5
9	3	1	7	8	6	5	2	4
7	6	4	2	9	5	1	8	3
8	2	5	1	4	3	9	7	6

Solution 333

4	3	1	7	5	2	6	8	9
6	5	8	1	3	9	7	2	4
2	9	7	4	6	8	1	3	5
5	6	2	3	4	1	8	9	7
1	7	9	8	2	6	5	4	3
8	4	3	5	9	7	2	6	1
7	1	6	9	8	4	3	5	2
9	8	5	2	7	3	4	1	6
3	2	4	6	1	5	9	7	8

Solution 334

6	8	7	2	3	1	5	9	4
3	9	5	7	6	4	2	1	8
4	1	2	8	5	9	3	6	7
2	7	9	5	8	3	6	4	1
1	6	8	9	4	2	7	3	5
5	3	4	1	7	6	9	8	2
8	5	3	4	9	7	1	2	6
7	2	6	3	1	8	4	5	9
9	4	1	6	2	5	8	7	3

Solution 335

5	2	1	9	4	7	8	6	3
8	7	4	2	3	6	1	5	9
9	6	3	1	8	5	4	2	7
2	5	8	7	6	9	3	1	4
3	9	7	4	2	1	6	8	5
4	1	6	8	5	3	7	9	2
7	4	2	6	9	8	5	3	1
6	3	9	5	1	4	2	7	8
1	8	5	3	7	2	9	4	6

Solution 336

Solution 336

2	5	9	8	3	7	6	1	4
8	3	1	6	4	9	5	7	2
7	4	6	2	1	5	8	3	9
1	2	8	9	7	3	4	5	6
9	6	3	4	5	8	7	2	1
5	7	4	1	2	6	3	9	8
3	1	2	5	6	4	9	8	7
6	9	5	7	8	1	2	4	3
4	8	7	3	9	2	1	6	5

Solution 337

6	3	2	7	8	9	5	4	1
7	9	5	2	4	1	6	3	8
8	1	4	3	5	6	9	2	7
2	8	7	5	6	3	1	9	4
9	5	3	8	1	4	7	6	2
1	4	6	9	2	7	8	5	3
5	2	1	4	9	8	3	7	6
4	7	8	6	3	5	2	1	9
3	6	9	1	7	2	4	8	5

Solution 338

Solution 338

3	1	8	4	2	6	9	5	7
2	6	4	9	7	5	1	3	8
7	9	5	3	1	8	4	2	6
1	7	9	8	3	4	2	6	5
6	4	2	5	9	7	3	8	1
5	8	3	2	6	1	7	4	9
9	2	7	6	8	3	5	1	4
4	3	6	1	5	9	8	7	2
8	5	1	7	4	2	6	9	3

Solution 339

2	4	3	6	7	8	9	5	1
6	7	5	9	2	1	4	8	3
1	9	8	3	4	5	2	6	7
3	8	9	5	6	4	7	1	2
4	6	1	2	9	7	5	3	8
7	5	2	1	8	3	6	4	9
8	2	4	7	1	6	3	9	5
5	1	7	4	3	9	8	2	6
9	3	6	8	5	2	1	7	4

Solution 340

4	2	9	5	8	1	3	6	7
3	7	8	9	4	6	2	5	1
6	5	1	7	2	3	8	4	9
2	6	4	1	9	7	5	8	3
8	3	7	4	6	5	1	9	2
1	9	5	2	3	8	6	7	4
9	4	6	3	5	2	7	1	8
5	1	3	8	7	9	4	2	6
7	8	2	6	1	4	9	3	5

Solution 341

1	8	4	7	5	2	6	3	9
9	5	2	4	3	6	8	1	7
3	7	6	1	8	9	2	5	4
2	9	5	3	4	8	1	7	6
6	4	7	2	1	5	3	9	8
8	3	1	6	9	7	4	2	5
4	2	8	5	7	1	9	6	3
7	1	9	8	6	3	5	4	2
5	6	3	9	2	4	7	8	1

Solution 342

9	2	4	1	8	6	7	3	5
3	7	5	4	2	9	1	8	6
1	6	8	3	5	7	9	4	2
5	8	3	9	6	1	4	2	7
7	4	9	5	3	2	8	6	1
6	1	2	8	7	4	5	9	3
2	5	1	6	4	8	3	7	9
8	9	7	2	1	3	6	5	4
4	3	6	7	9	5	2	1	8

Solution 343

3	6	5	2	4	8	9	1	7
9	7	1	3	5	6	8	2	4
8	2	4	1	9	7	5	6	3
7	9	2	5	3	1	4	8	6
6	1	3	8	2	4	7	9	5
4	5	8	7	6	9	2	3	1
5	4	6	9	1	2	3	7	8
2	3	7	6	8	5	1	4	9
1	8	9	4	7	3	6	5	2

Solution 344

7	4	8	3	2	5	6	1	9
5	6	3	1	4	9	7	2	8
2	1	9	7	6	8	4	3	5
8	3	4	2	5	1	9	6	7
6	5	2	8	9	7	3	4	1
9	7	1	6	3	4	5	8	2
3	8	5	9	1	6	2	7	4
1	9	6	4	7	2	8	5	3
4	2	7	5	8	3	1	9	6

Solution 345

3	5	6	8	7	2	1	4	9
8	4	9	3	5	1	7	6	2
2	1	7	6	9	4	8	3	5
1	6	3	4	2	5	9	8	7
4	8	2	7	3	9	5	1	6
9	7	5	1	8	6	4	2	3
7	9	8	2	4	3	6	5	1
5	3	1	9	6	8	2	7	4
6	2	4	5	1	7	3	9	8

Solution 346

6	3	7	2	5	4	8	9	1
9	8	4	1	3	6	2	5	7
2	5	1	7	8	9	3	4	6
8	6	2	4	7	5	1	3	9
3	1	9	6	2	8	5	7	4
7	4	5	9	1	3	6	8	2
1	9	8	5	4	2	7	6	3
4	2	3	8	6	7	9	1	5
5	7	6	3	9	1	4	2	8

Solution 347

1	8	9	5	2	7	6	4	3
6	2	7	8	4	3	9	1	5
3	4	5	1	6	9	2	8	7
5	9	2	3	7	8	4	6	1
8	6	1	9	5	4	7	3	2
4	7	3	2	1	6	8	5	9
2	3	8	4	9	1	5	7	6
7	5	4	6	3	2	1	9	8
9	1	6	7	8	5	3	2	4

Solution 348

9	3	1	4	7	2	6	5	8
7	4	8	1	5	6	9	3	2
2	6	5	3	8	9	4	1	7
4	7	6	8	2	3	1	9	5
3	8	2	9	1	5	7	4	6
1	5	9	6	4	7	2	8	3
5	1	3	2	6	4	8	7	9
6	9	4	7	3	8	5	2	1
8	2	7	5	9	1	3	6	4

Solution 349

7	1	2	3	4	8	6	9	5
9	5	6	7	2	1	4	8	3
4	8	3	6	5	9	7	2	1
8	6	1	5	3	2	9	4	7
2	7	9	1	6	4	5	3	8
5	3	4	8	9	7	1	6	2
6	4	5	2	1	3	8	7	9
1	2	7	9	8	6	3	5	4
3	9	8	4	7	5	2	1	6

Solution 350

Solution 351

9	8	7	1	3	2	4	6	5
3	2	6	9	5	4	7	8	1
4	1	5	6	7	8	2	9	3
5	6	3	4	8	1	9	7	2
8	4	1	7	2	9	5	3	6
2	7	9	3	6	5	8	1	4
1	3	4	5	9	7	6	2	8
6	9	2	8	4	3	1	5	7
7	5	8	2	1	6	3	4	9

Solution 351

6	2	1	8	3	9	4	5	7
5	3	7	2	6	4	1	9	8
8	9	4	5	1	7	3	2	6
3	5	6	4	7	2	9	8	1
9	1	8	3	5	6	2	7	4
4	7	2	9	8	1	6	3	5
7	6	3	1	9	8	5	4	2
2	8	9	6	4	5	7	1	3
1	4	5	7	2	3	8	6	9

Solution 352

6	4	7	8	5	3	1	2	9
8	2	1	4	6	9	7	5	3
9	5	3	1	7	2	4	8	6
3	1	4	6	8	7	2	9	5
5	8	2	9	1	4	6	3	7
7	9	6	2	3	5	8	1	4
1	7	9	3	4	8	5	6	2
4	3	8	5	2	6	9	7	1
2	6	5	7	9	1	3	4	8

Solution 353

2	5	3	9	1	7	6	8	4
1	8	4	2	3	6	5	7	9
7	6	9	5	8	4	1	3	2
8	2	7	4	5	9	3	1	6
3	4	6	8	2	1	7	9	5
9	1	5	6	7	3	4	2	8
4	3	8	1	6	2	9	5	7
5	9	1	7	4	8	2	6	3
6	7	2	3	9	5	8	4	1

Solution 354

5	2	7	4	9	1	8	3	6
3	8	1	7	6	5	9	2	4
6	4	9	3	2	8	1	5	7
8	3	2	1	5	7	6	4	9
4	9	5	6	8	2	3	7	1
7	1	6	9	3	4	5	8	2
2	7	3	5	1	6	4	9	8
1	5	8	2	4	9	7	6	3
9	6	4	8	7	3	2	1	5

Solution 355

9	5	1	2	7	4	8	3	6
3	2	6	5	8	9	7	4	1
4	7	8	1	6	3	5	2	9
1	4	3	8	5	6	9	7	2
5	8	7	9	1	2	3	6	4
2	6	9	3	4	7	1	5	8
8	3	4	7	2	1	6	9	5
7	1	2	6	9	5	4	8	3
6	9	5	4	3	8	2	1	7

Solution 356

Solution 356

5	2	9	3	6	1	4	7	8
3	7	4	8	5	9	6	2	1
6	8	1	4	7	2	5	3	9
7	6	3	5	9	8	2	1	4
1	4	2	6	3	7	8	9	5
8	9	5	2	1	4	3	6	7
4	3	7	1	8	6	9	5	2
9	5	8	7	2	3	1	4	6
2	1	6	9	4	5	7	8	3

Solution 357

5	4	9	8	7	2	6	3	1
8	2	1	5	6	3	9	4	7
7	3	6	4	1	9	2	5	8
1	8	5	9	4	6	7	2	3
4	9	2	7	3	5	8	1	6
6	7	3	2	8	1	4	9	5
3	1	8	6	9	4	5	7	2
9	5	7	3	2	8	1	6	4
2	6	4	1	5	7	3	8	9

Solution 358

Solution 358

9	4	2	6	7	3	5	8	1
3	5	6	9	8	1	7	4	2
7	8	1	2	5	4	3	9	6
1	9	8	5	3	6	4	2	7
2	7	4	1	9	8	6	3	5
6	3	5	4	2	7	8	1	9
4	1	3	7	6	9	2	5	8
5	6	9	8	4	2	1	7	3
8	2	7	3	1	5	9	6	4

Solution 359

4	3	2	7	1	9	5	6	8
9	5	7	2	6	8	3	1	4
1	8	6	3	4	5	9	7	2
2	1	9	6	8	4	7	3	5
3	4	5	9	7	2	1	8	6
6	7	8	1	5	3	2	4	9
7	2	4	5	3	6	8	9	1
5	6	3	8	9	1	4	2	7
8	9	1	4	2	7	6	5	3

Solution 360

1	3	6	4	8	2	9	7	5
8	4	9	6	5	7	2	3	1
2	5	7	3	9	1	4	6	8
5	9	1	2	4	3	6	8	7
7	8	2	1	6	9	5	4	3
3	6	4	8	7	5	1	2	9
6	2	3	9	1	8	7	5	4
9	7	8	5	2	4	3	1	6
4	1	5	7	3	6	8	9	2

Solution 361

4	5	3	9	1	2	6	8	7
7	9	8	3	5	6	4	2	1
2	1	6	8	4	7	5	3	9
5	2	9	7	6	8	3	1	4
3	8	4	2	9	1	7	5	6
6	7	1	5	3	4	8	9	2
8	6	5	1	7	9	2	4	3
1	3	7	4	2	5	9	6	8
9	4	2	6	8	3	1	7	5

Solution 362

7	4	3	6	1	5	8	2	9
5	2	9	4	7	8	6	1	3
6	1	8	3	2	9	5	7	4
2	5	4	7	6	1	3	9	8
8	3	7	5	9	4	2	6	1
1	9	6	2	8	3	4	5	7
3	6	1	9	4	2	7	8	5
9	7	5	8	3	6	1	4	2
4	8	2	1	5	7	9	3	6

Solution 363

1	4	5	7	8	6	3	9	2
8	9	2	3	4	1	5	6	7
3	7	6	2	5	9	1	4	8
7	1	4	8	6	3	9	2	5
2	6	3	9	1	5	8	7	4
9	5	8	4	2	7	6	1	3
5	2	7	6	9	8	4	3	1
6	3	1	5	7	4	2	8	9
4	8	9	1	3	2	7	5	6

Solution 364

6	9	1	2	5	3	4	8	7
8	2	4	6	9	7	5	1	3
7	3	5	8	1	4	2	9	6
9	7	3	1	4	6	8	2	5
5	6	2	3	8	9	7	4	1
1	4	8	7	2	5	3	6	9
4	5	6	9	7	8	1	3	2
2	8	9	5	3	1	6	7	4
3	1	7	4	6	2	9	5	8

Solution 365

5	3	1	6	9	2	8	4	7
7	6	2	4	8	5	3	9	1
8	4	9	1	7	3	2	6	5
9	7	8	2	6	4	1	5	3
6	2	5	3	1	7	4	8	9
4	1	3	9	5	8	6	7	2
2	8	7	5	3	6	9	1	4
3	9	6	7	4	1	5	2	8
1	5	4	8	2	9	7	3	6

Solution 366

9	4	7	2	8	5	3	6	1
3	2	8	7	1	6	5	4	9
5	1	6	4	9	3	8	7	2
1	9	3	6	5	8	7	2	4
4	7	5	1	2	9	6	8	3
8	6	2	3	7	4	9	1	5
2	5	9	8	4	7	1	3	6
6	8	1	5	3	2	4	9	7
7	3	4	9	6	1	2	5	8

Solution 367

5	3	6	2	9	7	4	1	8
4	2	1	5	8	3	6	7	9
9	8	7	1	6	4	3	5	2
7	9	4	3	5	1	2	8	6
8	6	3	7	2	9	5	4	1
1	5	2	8	4	6	7	9	3
3	1	5	6	7	8	9	2	4
2	4	8	9	3	5	1	6	7
6	7	9	4	1	2	8	3	5

Solution 368

6	2	9	4	1	8	7	3	5
8	7	5	6	2	3	9	4	1
1	3	4	9	7	5	6	8	2
7	4	3	5	6	9	2	1	8
5	1	2	3	8	7	4	6	9
9	8	6	1	4	2	3	5	7
3	6	8	2	9	1	5	7	4
4	9	7	8	5	6	1	2	3
2	5	1	7	3	4	8	9	6

Solution 369

1	5	8	9	2	3	6	7	4
6	4	2	8	7	5	9	1	3
7	3	9	1	4	6	5	2	8
5	8	3	4	1	2	7	9	6
2	6	4	3	9	7	8	5	1
9	1	7	6	5	8	3	4	2
8	2	1	5	3	9	4	6	7
4	9	6	7	8	1	2	3	5
3	7	5	2	6	4	1	8	9

Solution 370

Solution 370

4	5	1	6	3	9	8	2	7
6	3	2	8	5	7	1	4	9
8	7	9	2	4	1	5	3	6
5	4	3	9	8	2	7	6	1
1	6	8	3	7	4	9	5	2
2	9	7	1	6	5	3	8	4
7	2	4	5	9	3	6	1	8
3	1	6	7	2	8	4	9	5
9	8	5	4	1	6	2	7	3

Solution 371

9	6	7	2	3	5	1	8	4
5	2	8	4	7	1	6	9	3
4	1	3	8	9	6	5	2	7
2	3	1	5	8	7	9	4	6
6	4	5	3	1	9	2	7	8
8	7	9	6	4	2	3	5	1
7	9	6	1	5	4	8	3	2
3	5	2	7	6	8	4	1	9
1	8	4	9	2	3	7	6	5

Solution 372

4	3	5	2	9	1	8	6	7
7	8	1	4	3	6	5	9	2
6	9	2	7	5	8	1	4	3
1	5	9	6	7	3	2	8	4
3	2	7	8	1	4	6	5	9
8	6	4	9	2	5	7	3	1
2	4	6	3	8	7	9	1	5
5	7	3	1	6	9	4	2	8
9	1	8	5	4	2	3	7	6

Solution 373

9	7	1	2	4	6	3	5	8
2	5	3	8	7	9	6	4	1
6	8	4	5	1	3	7	2	9
5	1	7	3	9	8	2	6	4
3	6	8	1	2	4	5	9	7
4	9	2	7	6	5	1	8	3
7	3	5	9	8	2	4	1	6
1	4	9	6	5	7	8	3	2
8	2	6	4	3	1	9	7	5

Solution 374

8	3	5	6	1	7	2	4	9
6	4	1	5	2	9	8	3	7
7	9	2	3	8	4	6	5	1
5	6	3	1	7	8	9	2	4
9	7	4	2	6	3	5	1	8
2	1	8	9	4	5	7	6	3
1	2	7	4	9	6	3	8	5
4	5	9	8	3	2	1	7	6
3	8	6	7	5	1	4	9	2

Solution 375

2	5	8	6	3	9	1	4	7
9	6	4	8	7	1	3	5	2
3	7	1	5	2	4	9	8	6
8	4	6	7	9	2	5	3	1
1	3	7	4	8	5	2	6	9
5	9	2	3	1	6	8	7	4
6	2	3	1	4	8	7	9	5
7	1	5	9	6	3	4	2	8
4	8	9	2	5	7	6	1	3

Solution 376

Solution 376

2	9	4	7	5	6	3	1	8
3	8	7	4	2	1	6	5	9
1	6	5	3	9	8	7	4	2
7	3	2	9	8	5	1	6	4
4	1	9	6	3	7	2	8	5
6	5	8	1	4	2	9	7	3
5	2	6	8	1	3	4	9	7
8	4	1	2	7	9	5	3	6
9	7	3	5	6	4	8	2	1

Solution 377

8	3	6	9	7	4	1	5	2
2	4	5	1	6	8	9	3	7
7	1	9	2	5	3	8	6	4
3	2	4	6	9	7	5	8	1
9	7	1	3	8	5	4	2	6
6	5	8	4	2	1	3	7	9
4	6	7	5	3	9	2	1	8
5	9	2	8	1	6	7	4	3
1	8	3	7	4	2	6	9	5

Solution 378

Solution 378

2	4	5	9	3	1	8	7	6
1	7	8	4	5	6	2	9	3
3	6	9	8	7	2	1	5	4
6	2	3	5	1	9	4	8	7
4	8	7	2	6	3	5	1	9
5	9	1	7	4	8	6	3	2
9	1	4	3	2	5	7	6	8
8	5	2	6	9	7	3	4	1
7	3	6	1	8	4	9	2	5

Solution 379

5	7	3	4	1	6	8	9	2
9	4	2	3	7	8	6	1	5
1	6	8	2	9	5	3	4	7
7	2	4	8	3	1	5	6	9
8	9	5	6	2	4	1	7	3
6	3	1	7	5	9	2	8	4
3	5	6	9	8	7	4	2	1
2	8	7	1	4	3	9	5	6
4	1	9	5	6	2	7	3	8

Solution 380

9	3	7	2	5	1	6	8	4
5	2	8	4	7	6	3	1	9
1	6	4	3	8	9	5	7	2
7	9	5	8	3	4	2	6	1
4	1	3	6	2	5	7	9	8
6	8	2	1	9	7	4	5	3
3	7	1	9	6	2	8	4	5
2	5	9	7	4	8	1	3	6
8	4	6	5	1	3	9	2	7

Solution 381

2	7	5	4	1	6	8	9	3
6	3	1	2	8	9	4	7	5
9	4	8	3	7	5	6	1	2
5	9	7	6	4	1	3	2	8
1	8	4	5	3	2	7	6	9
3	6	2	7	9	8	1	5	4
7	1	3	9	5	4	2	8	6
4	2	9	8	6	7	5	3	1
8	5	6	1	2	3	9	4	7

Solution 382

1	4	3	5	6	9	2	8	7
5	2	7	8	1	4	3	9	6
8	6	9	7	2	3	4	5	1
4	7	6	1	5	2	9	3	8
9	1	2	3	7	8	6	4	5
3	5	8	4	9	6	7	1	2
7	3	5	2	4	1	8	6	9
2	9	4	6	8	5	1	7	3
6	8	1	9	3	7	5	2	4

Solution 383

9	2	6	4	7	5	3	8	1
8	4	1	9	6	3	2	7	5
3	7	5	8	2	1	6	4	9
6	1	9	3	5	8	4	2	7
2	3	7	6	9	4	5	1	8
5	8	4	2	1	7	9	3	6
7	6	8	5	3	2	1	9	4
1	5	2	7	4	9	8	6	3
4	9	3	1	8	6	7	5	2

Solution 384

1	3	4	7	8	9	6	2	5
2	8	9	4	5	6	1	7	3
7	6	5	1	3	2	8	4	9
9	4	7	5	6	3	2	1	8
3	1	2	8	4	7	5	9	6
6	5	8	2	9	1	7	3	4
8	9	1	6	2	4	3	5	7
5	2	3	9	7	8	4	6	1
4	7	6	3	1	5	9	8	2

Solution 385

2	3	4	5	6	1	8	7	9
9	5	6	3	8	7	4	1	2
8	7	1	2	4	9	6	3	5
5	9	8	6	3	2	1	4	7
7	1	2	4	9	8	5	6	3
6	4	3	7	1	5	2	9	8
4	6	5	9	2	3	7	8	1
3	8	7	1	5	4	9	2	6
1	2	9	8	7	6	3	5	4

Solution 386

1	2	3	6	4	9	5	8	7
5	4	9	2	7	8	3	6	1
6	7	8	3	1	5	2	4	9
8	3	6	1	9	4	7	2	5
4	1	2	7	5	3	6	9	8
7	9	5	8	2	6	4	1	3
9	5	7	4	6	1	8	3	2
2	8	4	9	3	7	1	5	6
3	6	1	5	8	2	9	7	4

Solution 387

1	5	7	8	2	6	9	3	4
6	3	8	7	9	4	1	5	2
9	4	2	5	1	3	7	6	8
5	6	9	3	4	8	2	1	7
2	8	4	6	7	1	3	9	5
7	1	3	2	5	9	4	8	6
8	9	1	4	6	7	5	2	3
3	7	5	1	8	2	6	4	9
4	2	6	9	3	5	8	7	1

Solution 388

7	8	4	6	2	3	1	5	9
2	5	1	8	4	9	6	7	3
3	9	6	7	1	5	8	2	4
4	2	5	1	8	6	9	3	7
1	6	9	3	5	7	4	8	2
8	7	3	2	9	4	5	6	1
6	3	8	4	7	1	2	9	5
5	1	2	9	3	8	7	4	6
9	4	7	5	6	2	3	1	8

Solution 389

4	3	6	7	2	5	9	1	8
8	2	7	6	1	9	4	3	5
1	5	9	4	3	8	6	7	2
5	7	1	2	9	6	8	4	3
2	8	4	1	7	3	5	9	6
6	9	3	5	8	4	7	2	1
3	4	8	9	5	1	2	6	7
9	1	2	8	6	7	3	5	4
7	6	5	3	4	2	1	8	9

Solution 390

Solution 390

2	4	3	6	5	7	9	1	8
5	9	7	1	4	8	2	6	3
8	1	6	2	3	9	5	4	7
7	3	1	9	2	4	6	8	5
6	8	5	7	1	3	4	2	9
4	2	9	8	6	5	3	7	1
9	7	4	3	8	6	1	5	2
1	5	8	4	9	2	7	3	6
3	6	2	5	7	1	8	9	4

Solution 391

4	3	8	5	7	9	6	1	2
2	1	6	3	8	4	7	9	5
5	7	9	2	6	1	3	8	4
8	4	7	1	5	6	2	3	9
6	2	3	8	9	7	4	5	1
1	9	5	4	3	2	8	7	6
3	6	4	9	1	8	5	2	7
7	5	1	6	2	3	9	4	8
9	8	2	7	4	5	1	6	3

Solution 392

8	5	3	6	2	4	1	9	7
4	7	2	8	9	1	5	3	6
9	1	6	3	7	5	8	2	4
3	9	1	2	6	7	4	8	5
2	6	7	5	4	8	3	1	9
5	4	8	1	3	9	7	6	2
7	3	4	9	1	2	6	5	8
1	8	9	4	5	6	2	7	3
6	2	5	7	8	3	9	4	1

Solution 393

5	3	2	6	4	1	8	9	7
4	8	9	7	3	5	2	1	6
6	7	1	9	8	2	4	3	5
2	1	6	5	7	3	9	8	4
9	4	3	8	1	6	5	7	2
7	5	8	4	2	9	1	6	3
1	9	7	2	6	4	3	5	8
3	6	4	1	5	8	7	2	9
8	2	5	3	9	7	6	4	1

Solution 394

7	6	4	2	9	3	8	1	5
3	2	8	6	1	5	9	7	4
1	5	9	8	4	7	3	2	6
2	4	6	9	5	8	7	3	1
9	3	5	7	2	1	6	4	8
8	1	7	4	3	6	5	9	2
6	8	1	3	7	4	2	5	9
4	9	3	5	8	2	1	6	7
5	7	2	1	6	9	4	8	3

Solution 395

2	1	5	3	6	8	7	4	9
3	6	8	4	9	7	5	2	1
4	7	9	1	2	5	3	8	6
6	9	2	5	8	4	1	7	3
7	4	1	9	3	6	2	5	8
5	8	3	2	7	1	9	6	4
1	5	6	7	4	9	8	3	2
9	2	4	8	5	3	6	1	7
8	3	7	6	1	2	4	9	5

Solution 396

Solution 396

3	4	1	9	2	6	5	8	7
7	2	8	5	3	1	4	6	9
6	9	5	4	7	8	2	3	1
4	6	3	1	5	7	8	9	2
8	5	7	3	9	2	1	4	6
2	1	9	6	8	4	7	5	3
5	3	4	2	1	9	6	7	8
9	8	2	7	6	5	3	1	4
1	7	6	8	4	3	9	2	5

Solution 397

4	2	3	8	7	5	6	9	1
6	8	1	4	9	3	5	7	2
5	7	9	6	2	1	8	4	3
2	4	7	3	5	6	9	1	8
3	9	8	2	1	7	4	5	6
1	5	6	9	4	8	2	3	7
8	6	5	7	3	9	1	2	4
9	3	2	1	8	4	7	6	5
7	1	4	5	6	2	3	8	9

Solution 398

Solution 398

7	5	8	4	6	3	9	1	2
6	4	2	1	8	9	7	3	5
1	3	9	7	5	2	4	8	6
5	8	4	3	1	7	6	2	9
3	2	6	8	9	5	1	7	4
9	1	7	6	2	4	3	5	8
8	9	1	2	7	6	5	4	3
2	6	3	5	4	1	8	9	7
4	7	5	9	3	8	2	6	1

Solution 399

5	3	8	6	4	9	2	1	7
4	6	1	5	2	7	8	3	9
2	7	9	1	8	3	4	5	6
6	4	5	3	9	2	7	8	1
8	1	7	4	6	5	3	9	2
3	9	2	8	7	1	5	6	4
1	5	4	2	3	6	9	7	8
9	2	6	7	5	8	1	4	3
7	8	3	9	1	4	6	2	5

Solution 400

4	3	2	8	9	6	1	7	5
7	9	5	3	1	2	4	6	8
8	6	1	5	4	7	3	9	2
5	4	3	6	8	1	7	2	9
9	2	7	4	5	3	8	1	6
6	1	8	2	7	9	5	4	3
2	5	6	7	3	4	9	8	1
3	7	9	1	2	8	6	5	4
1	8	4	9	6	5	2	3	7

Solution 401

3	2	5	6	7	9	1	4	8
7	6	8	2	4	1	3	5	9
4	1	9	8	3	5	7	6	2
1	5	4	3	2	6	9	8	7
8	9	3	5	1	7	6	2	4
2	7	6	9	8	4	5	1	3
9	8	1	4	6	3	2	7	5
6	3	2	7	5	8	4	9	1
5	4	7	1	9	2	8	3	6

Solution 402

8	5	4	1	2	7	3	6	9
1	3	6	9	4	5	2	8	7
7	9	2	6	8	3	5	1	4
2	8	3	5	1	4	9	7	6
9	1	5	2	7	6	8	4	3
4	6	7	3	9	8	1	5	2
3	7	8	4	5	2	6	9	1
6	4	1	8	3	9	7	2	5
5	2	9	7	6	1	4	3	8

Solution 403

8	3	2	4	6	7	9	5	1
9	5	6	3	2	1	4	8	7
7	4	1	5	9	8	6	3	2
6	7	4	8	1	3	2	9	5
2	1	9	6	7	5	8	4	3
5	8	3	9	4	2	1	7	6
4	9	5	1	3	6	7	2	8
1	2	8	7	5	9	3	6	4
3	6	7	2	8	4	5	1	9

Solution 404

1	2	3	9	6	4	5	8	7
4	9	7	1	5	8	6	2	3
6	5	8	7	3	2	1	9	4
9	4	6	2	8	7	3	5	1
8	3	1	4	9	5	2	7	6
2	7	5	6	1	3	8	4	9
7	1	2	5	4	6	9	3	8
3	6	4	8	2	9	7	1	5
5	8	9	3	7	1	4	6	2

Solution 405

7	3	6	9	4	1	2	5	8
8	2	9	7	5	6	4	1	3
1	5	4	3	2	8	7	9	6
2	8	3	1	6	4	5	7	9
4	9	7	5	3	2	6	8	1
5	6	1	8	9	7	3	4	2
3	4	5	2	1	9	8	6	7
6	1	8	4	7	3	9	2	5
9	7	2	6	8	5	1	3	4

Solution 406

4	5	8	2	7	3	1	6	9
2	9	1	5	4	6	8	3	7
6	3	7	1	9	8	4	5	2
1	4	3	6	5	7	9	2	8
5	7	2	3	8	9	6	4	1
8	6	9	4	2	1	5	7	3
3	8	4	7	1	5	2	9	6
7	1	5	9	6	2	3	8	4
9	2	6	8	3	4	7	1	5

Solution 407

5	7	9	6	3	1	2	4	8
8	4	3	5	9	2	7	6	1
1	2	6	8	4	7	3	5	9
4	6	7	9	1	5	8	2	3
9	3	1	4	2	8	6	7	5
2	8	5	7	6	3	9	1	4
3	9	4	2	5	6	1	8	7
6	5	8	1	7	9	4	3	2
7	1	2	3	8	4	5	9	6

Solution 408

5	9	3	2	6	8	4	1	7
6	7	2	1	5	4	3	9	8
4	8	1	3	7	9	6	2	5
3	4	9	5	8	2	1	7	6
7	1	6	9	4	3	8	5	2
2	5	8	6	1	7	9	4	3
9	6	7	4	3	5	2	8	1
1	2	5	8	9	6	7	3	4
8	3	4	7	2	1	5	6	9

Solution 409

5	8	3	2	7	1	9	4	6
4	6	1	3	8	9	5	2	7
7	9	2	4	5	6	8	3	1
1	5	7	6	4	8	3	9	2
6	2	4	5	9	3	1	7	8
8	3	9	1	2	7	6	5	4
9	1	5	7	6	2	4	8	3
2	4	6	8	3	5	7	1	9
3	7	8	9	1	4	2	6	5

Solution 410

Solution 410

4	3	7	8	6	1	5	9	2
9	6	2	7	3	5	4	8	1
8	1	5	2	4	9	6	7	3
3	7	6	5	8	2	1	4	9
2	5	9	4	1	7	8	3	6
1	8	4	3	9	6	7	2	5
6	2	3	1	7	8	9	5	4
5	9	8	6	2	4	3	1	7
7	4	1	9	5	3	2	6	8

Solution 411

4	2	9	5	7	6	8	1	3
1	6	3	9	2	8	7	5	4
5	8	7	4	1	3	6	2	9
6	1	4	3	9	5	2	7	8
7	5	8	2	4	1	3	9	6
3	9	2	8	6	7	1	4	5
8	7	1	6	5	9	4	3	2
9	4	6	1	3	2	5	8	7
2	3	5	7	8	4	9	6	1

Solution 412

5	2	9	4	8	1	7	6	3
6	1	4	5	7	3	2	8	9
7	8	3	2	9	6	1	5	4
4	7	5	6	3	9	8	1	2
2	3	6	1	5	8	4	9	7
1	9	8	7	4	2	5	3	6
3	4	2	8	6	5	9	7	1
8	6	7	9	1	4	3	2	5
9	5	1	3	2	7	6	4	8

Solution 413

5	1	6	4	3	8	2	7	9
8	7	4	9	2	1	3	6	5
2	3	9	5	7	6	4	1	8
4	6	5	8	1	3	9	2	7
3	8	1	7	9	2	5	4	6
9	2	7	6	4	5	1	8	3
6	9	3	2	8	4	7	5	1
1	4	8	3	5	7	6	9	2
7	5	2	1	6	9	8	3	4

Solution 414

6	9	1	5	2	3	8	7	4
4	3	2	1	7	8	5	9	6
5	7	8	4	9	6	2	1	3
3	1	5	8	4	7	9	6	2
7	6	4	2	3	9	1	5	8
2	8	9	6	5	1	4	3	7
8	2	6	3	1	5	7	4	9
1	4	7	9	6	2	3	8	5
9	5	3	7	8	4	6	2	1

Solution 415

9	6	1	5	2	3	8	4	7
4	2	5	1	8	7	3	9	6
3	7	8	4	9	6	2	5	1
6	4	3	7	1	9	5	8	2
2	1	7	3	5	8	9	6	4
5	8	9	6	4	2	1	7	3
1	5	2	9	6	4	7	3	8
7	9	6	8	3	1	4	2	5
8	3	4	2	7	5	6	1	9

Solution 416

Solution 416

2	5	6	8	7	3	4	9	1
8	1	7	4	5	9	6	3	2
3	9	4	6	2	1	8	7	5
4	7	2	5	9	8	3	1	6
1	3	9	2	4	6	7	5	8
5	6	8	1	3	7	2	4	9
6	8	3	7	1	5	9	2	4
9	4	1	3	6	2	5	8	7
7	2	5	9	8	4	1	6	3

Solution 417

8	6	2	1	9	7	4	5	3
7	5	4	8	2	3	9	1	6
1	9	3	6	5	4	8	2	7
9	7	1	2	8	5	6	3	4
2	4	8	9	3	6	1	7	5
6	3	5	7	4	1	2	9	8
4	8	7	5	1	2	3	6	9
3	2	6	4	7	9	5	8	1
5	1	9	3	6	8	7	4	2

Solution 418

Solution 418

8	5	3	1	9	2	4	7	6
6	1	9	5	4	7	3	8	2
2	4	7	3	8	6	5	9	1
3	8	2	4	7	9	6	1	5
7	6	4	2	5	1	8	3	9
1	9	5	6	3	8	7	2	4
4	3	1	7	2	5	9	6	8
5	2	8	9	6	3	1	4	7
9	7	6	8	1	4	2	5	3

Solution 419

8	5	4	2	3	6	7	1	9
3	9	6	5	1	7	8	2	4
1	2	7	4	8	9	6	5	3
5	3	9	6	2	4	1	7	8
2	7	1	8	5	3	9	4	6
4	6	8	7	9	1	2	3	5
7	1	5	3	6	8	4	9	2
9	8	3	1	4	2	5	6	7
6	4	2	9	7	5	3	8	1

Solution 420

5	7	8	2	3	4	1	9	6
3	1	4	6	7	9	5	8	2
2	9	6	1	5	8	7	3	4
7	2	5	3	6	1	9	4	8
4	6	9	7	8	5	3	2	1
1	8	3	4	9	2	6	7	5
8	5	7	9	4	6	2	1	3
6	3	2	8	1	7	4	5	9
9	4	1	5	2	3	8	6	7

Solution 421

2	8	1	7	4	3	5	9	6
3	7	9	6	1	5	4	2	8
6	4	5	8	9	2	7	3	1
8	6	4	1	5	9	2	7	3
5	3	7	2	8	6	9	1	4
1	9	2	3	7	4	8	6	5
4	5	6	9	2	1	3	8	7
7	2	3	4	6	8	1	5	9
9	1	8	5	3	7	6	4	2

Solution 422

1	7	9	5	4	6	2	8	3
3	6	4	7	2	8	1	5	9
2	5	8	9	1	3	7	4	6
6	2	1	8	7	5	9	3	4
7	4	5	2	3	9	6	1	8
9	8	3	1	6	4	5	7	2
8	3	7	6	9	1	4	2	5
4	1	6	3	5	2	8	9	7
5	9	2	4	8	7	3	6	1

Solution 423

2	9	6	4	3	1	8	5	7
8	1	3	2	7	5	6	9	4
7	5	4	8	9	6	3	1	2
4	3	5	1	2	9	7	8	6
9	2	1	6	8	7	4	3	5
6	8	7	5	4	3	9	2	1
3	7	2	9	5	4	1	6	8
1	4	8	3	6	2	5	7	9
5	6	9	7	1	8	2	4	3

Solution 424

1	2	7	8	4	3	5	6	9
5	9	4	1	2	6	7	3	8
3	6	8	5	7	9	4	1	2
7	1	5	4	3	2	9	8	6
8	4	6	9	1	7	2	5	3
2	3	9	6	5	8	1	7	4
4	5	2	3	6	1	8	9	7
6	8	1	7	9	4	3	2	5
9	7	3	2	8	5	6	4	1

Solution 425

3	7	9	2	5	6	4	8	1
1	5	6	4	8	3	9	7	2
8	2	4	1	7	9	6	5	3
4	3	5	8	6	1	7	2	9
9	6	8	7	3	2	1	4	5
2	1	7	5	9	4	3	6	8
7	8	3	6	1	5	2	9	4
6	4	1	9	2	8	5	3	7
5	9	2	3	4	7	8	1	6

Solution 426

6	2	8	1	4	3	5	7	9
1	7	3	6	9	5	8	2	4
9	4	5	2	8	7	6	1	3
4	1	9	5	6	2	3	8	7
5	6	2	7	3	8	4	9	1
3	8	7	4	1	9	2	6	5
2	3	4	9	7	6	1	5	8
8	9	6	3	5	1	7	4	2
7	5	1	8	2	4	9	3	6

Solution 427

6	3	1	8	9	5	7	2	4
5	9	2	3	7	4	6	1	8
4	8	7	1	6	2	5	3	9
9	2	8	5	1	7	3	4	6
3	7	6	9	4	8	2	5	1
1	4	5	2	3	6	8	9	7
7	5	3	4	8	9	1	6	2
2	6	9	7	5	1	4	8	3
8	1	4	6	2	3	9	7	5

Solution 428

6	1	3	8	5	2	7	9	4
2	8	5	9	7	4	1	6	3
7	9	4	6	1	3	5	8	2
9	4	7	1	3	6	8	2	5
1	2	8	7	9	5	4	3	6
5	3	6	4	2	8	9	1	7
4	6	1	2	8	7	3	5	9
3	7	9	5	6	1	2	4	8
8	5	2	3	4	9	6	7	1

Solution 429

2	9	8	7	4	3	5	6	1
4	1	6	5	9	8	7	2	3
3	5	7	6	2	1	8	9	4
8	4	2	3	5	9	6	1	7
6	3	5	4	1	7	2	8	9
1	7	9	8	6	2	4	3	5
7	2	4	1	3	6	9	5	8
9	8	3	2	7	5	1	4	6
5	6	1	9	8	4	3	7	2

Solution 430

Solution 431

4	9	2	6	3	8	1	5	7
8	5	1	7	4	9	2	3	6
6	7	3	5	1	2	8	4	9
9	6	7	3	8	5	4	2	1
3	4	8	2	9	1	6	7	5
1	2	5	4	7	6	3	9	8
5	1	9	8	2	4	7	6	3
7	8	4	9	6	3	5	1	2
2	3	6	1	5	7	9	8	4

Solution 431

6	1	7	9	4	3	2	8	5
3	5	8	7	1	2	4	9	6
4	9	2	6	5	8	7	3	1
1	6	4	3	8	5	9	7	2
7	8	5	1	2	9	6	4	3
2	3	9	4	7	6	1	5	8
5	7	6	2	3	4	8	1	9
8	2	1	5	9	7	3	6	4
9	4	3	8	6	1	5	2	7

Solution 432

2	6	7	1	8	4	5	9	3
3	5	4	6	7	9	8	1	2
8	1	9	2	3	5	6	7	4
7	8	2	5	6	1	3	4	9
6	9	5	7	4	3	2	8	1
4	3	1	8	9	2	7	6	5
5	2	6	9	1	7	4	3	8
9	4	8	3	2	6	1	5	7
1	7	3	4	5	8	9	2	6

Solution 433

5	8	3	9	7	2	4	1	6
1	7	4	6	5	3	8	2	9
2	6	9	4	8	1	3	7	5
7	3	6	2	4	5	1	9	8
8	9	1	7	3	6	5	4	2
4	5	2	1	9	8	7	6	3
6	2	8	5	1	7	9	3	4
3	4	7	8	6	9	2	5	1
9	1	5	3	2	4	6	8	7

Solution 434

7	9	5	4	3	2	6	8	1
1	6	4	7	9	8	2	3	5
8	2	3	1	5	6	9	4	7
5	7	1	6	2	4	8	9	3
6	3	9	8	1	5	7	2	4
2	4	8	9	7	3	1	5	6
3	1	6	5	8	9	4	7	2
9	5	7	2	4	1	3	6	8
4	8	2	3	6	7	5	1	9

Solution 435

9	1	3	5	8	6	7	4	2
2	4	6	7	9	3	1	8	5
8	5	7	4	1	2	6	3	9
4	7	9	2	5	8	3	6	1
6	3	8	1	4	9	5	2	7
5	2	1	6	3	7	4	9	8
7	8	5	3	2	4	9	1	6
3	6	2	9	7	1	8	5	4
1	9	4	8	6	5	2	7	3

Solution 436

Solution 436

9	4	1	7	8	3	6	5	2
7	5	3	1	6	2	8	9	4
8	6	2	4	5	9	1	7	3
2	8	7	3	4	1	9	6	5
4	9	6	8	2	5	3	1	7
1	3	5	9	7	6	4	2	8
5	2	4	6	9	8	7	3	1
6	1	8	2	3	7	5	4	9
3	7	9	5	1	4	2	8	6

Solution 437

5	8	6	2	3	4	1	7	9
4	3	2	7	9	1	5	6	8
9	1	7	5	6	8	3	2	4
7	4	5	8	2	9	6	1	3
2	6	1	4	7	3	8	9	5
3	9	8	6	1	5	7	4	2
8	7	3	1	4	2	9	5	6
1	2	9	3	5	6	4	8	7
6	5	4	9	8	7	2	3	1

Solution 438

Solution 438

6	8	5	2	4	3	7	1	9
1	9	3	8	6	7	4	2	5
7	2	4	5	1	9	3	8	6
8	5	1	4	2	6	9	3	7
4	3	2	7	9	8	6	5	1
9	6	7	3	5	1	2	4	8
5	1	6	9	3	2	8	7	4
2	4	8	6	7	5	1	9	3
3	7	9	1	8	4	5	6	2

Solution 439

5	1	3	6	8	9	2	7	4
6	2	7	5	4	1	3	8	9
8	4	9	2	7	3	6	1	5
2	7	1	4	5	6	9	3	8
3	9	6	1	2	8	4	5	7
4	5	8	3	9	7	1	2	6
7	6	2	9	3	5	8	4	1
1	3	5	8	6	4	7	9	2
9	8	4	7	1	2	5	6	3

Solution 440

9	5	7	2	1	6	4	8	3
4	6	1	5	8	3	7	2	9
2	8	3	4	9	7	6	5	1
6	1	4	9	2	5	3	7	8
7	3	9	8	6	4	2	1	5
5	2	8	3	7	1	9	6	4
8	9	6	1	3	2	5	4	7
1	7	5	6	4	9	8	3	2
3	4	2	7	5	8	1	9	6

Solution 441

9	8	7	1	6	3	5	2	4
3	5	4	2	8	7	9	1	6
2	1	6	4	5	9	3	8	7
7	4	3	5	9	8	2	6	1
8	2	1	3	4	6	7	5	9
5	6	9	7	2	1	4	3	8
1	9	2	8	3	4	6	7	5
6	3	8	9	7	5	1	4	2
4	7	5	6	1	2	8	9	3

Solution 442

1	5	3	6	7	8	4	9	2
2	7	9	1	4	3	5	6	8
4	8	6	9	5	2	1	7	3
5	3	7	2	8	9	6	1	4
6	2	8	7	1	4	3	5	9
9	4	1	3	6	5	8	2	7
3	6	2	4	9	1	7	8	5
7	9	5	8	3	6	2	4	1
8	1	4	5	2	7	9	3	6

Solution 443

1	7	3	5	4	2	8	6	9
8	5	2	1	6	9	3	7	4
9	4	6	7	8	3	5	2	1
2	8	1	4	5	7	9	3	6
5	3	4	9	1	6	7	8	2
7	6	9	3	2	8	4	1	5
6	9	5	8	7	1	2	4	3
3	1	7	2	9	4	6	5	8
4	2	8	6	3	5	1	9	7

Solution 444

1	9	7	8	4	6	3	2	5
5	3	2	7	1	9	4	6	8
4	6	8	3	2	5	9	1	7
6	1	5	2	9	3	8	7	4
2	4	3	1	8	7	5	9	6
8	7	9	6	5	4	1	3	2
9	5	1	4	6	2	7	8	3
3	8	6	5	7	1	2	4	9
7	2	4	9	3	8	6	5	1

Solution 445

6	9	2	3	1	4	5	7	8
1	3	5	8	6	7	2	9	4
7	4	8	2	9	5	3	1	6
8	6	3	7	4	1	9	5	2
2	7	9	5	3	8	6	4	1
4	5	1	9	2	6	7	8	3
9	2	4	1	7	3	8	6	5
3	8	6	4	5	9	1	2	7
5	1	7	6	8	2	4	3	9

Solution 446

4	9	3	1	7	5	6	8	2
8	2	5	4	9	6	1	3	7
7	6	1	2	8	3	9	5	4
1	4	8	6	2	7	5	9	3
2	3	7	5	1	9	4	6	8
9	5	6	8	3	4	2	7	1
5	7	4	3	6	1	8	2	9
3	1	2	9	5	8	7	4	6
6	8	9	7	4	2	3	1	5

Solution 447

7	5	6	8	9	2	4	3	1
4	9	3	7	1	5	2	8	6
1	2	8	3	4	6	5	7	9
9	8	5	4	6	3	7	1	2
3	7	1	9	2	8	6	5	4
6	4	2	1	5	7	3	9	8
2	1	9	5	3	4	8	6	7
8	3	4	6	7	9	1	2	5
5	6	7	2	8	1	9	4	3

Solution 448

4	6	2	1	7	8	9	5	3
5	9	1	3	4	6	7	2	8
3	7	8	5	9	2	1	6	4
2	1	6	7	3	5	8	4	9
8	3	4	6	1	9	2	7	5
9	5	7	8	2	4	3	1	6
7	8	9	4	5	1	6	3	2
1	2	5	9	6	3	4	8	7
6	4	3	2	8	7	5	9	1

Solution 449

7	1	2	8	5	6	3	9	4
9	5	4	1	7	3	6	2	8
6	8	3	4	2	9	5	1	7
1	3	9	5	4	8	7	6	2
8	7	6	3	1	2	9	4	5
4	2	5	6	9	7	8	3	1
3	6	1	2	8	5	4	7	9
2	9	8	7	6	4	1	5	3
5	4	7	9	3	1	2	8	6

Solution 450

Solution 450

7	8	2	1	9	4	5	6	3
5	3	4	8	7	6	1	2	9
6	9	1	5	2	3	8	7	4
3	5	6	2	4	7	9	8	1
2	1	8	6	5	9	4	3	7
9	4	7	3	1	8	6	5	2
1	6	3	4	8	2	7	9	5
8	7	5	9	3	1	2	4	6
4	2	9	7	6	5	3	1	8

Solution 451

3	8	9	5	6	4	1	7	2
5	4	2	8	7	1	6	9	3
1	6	7	9	3	2	5	4	8
9	3	4	2	8	6	7	1	5
8	1	5	4	9	7	3	2	6
2	7	6	3	1	5	4	8	9
6	5	1	7	2	8	9	3	4
4	9	8	1	5	3	2	6	7
7	2	3	6	4	9	8	5	1

Solution 452

9	1	5	2	4	7	8	6	3
3	2	7	5	8	6	4	1	9
6	4	8	1	3	9	2	7	5
4	9	6	7	1	3	5	8	2
7	5	2	9	6	8	3	4	1
1	8	3	4	2	5	6	9	7
5	6	4	3	7	1	9	2	8
8	3	1	6	9	2	7	5	4
2	7	9	8	5	4	1	3	6

Solution 453

4	3	2	6	7	5	9	1	8
6	8	1	2	9	4	7	5	3
7	9	5	1	8	3	6	2	4
1	5	8	4	6	2	3	9	7
3	4	9	7	1	8	2	6	5
2	7	6	5	3	9	4	8	1
5	1	7	3	2	6	8	4	9
9	6	4	8	5	7	1	3	2
8	2	3	9	4	1	5	7	6

Solution 454

4	5	8	3	2	9	7	1	6
1	2	7	5	4	6	3	9	8
3	6	9	7	1	8	4	2	5
7	4	6	1	3	2	8	5	9
8	3	2	4	9	5	1	6	7
5	9	1	6	8	7	2	4	3
6	7	4	8	5	1	9	3	2
9	8	3	2	6	4	5	7	1
2	1	5	9	7	3	6	8	4

Solution 455

8	7	3	4	6	9	1	5	2
1	9	4	2	5	7	3	6	8
5	2	6	1	8	3	9	4	7
7	1	5	3	4	2	8	9	6
2	4	9	8	1	6	5	7	3
6	3	8	7	9	5	4	2	1
4	8	2	9	7	1	6	3	5
3	5	1	6	2	4	7	8	9
9	6	7	5	3	8	2	1	4

Solution 456

Solution 456

4	2	1	7	9	8	6	5	3
9	5	7	4	6	3	1	2	8
6	8	3	1	5	2	9	4	7
8	7	5	3	4	9	2	1	6
2	3	4	6	8	1	5	7	9
1	6	9	5	2	7	3	8	4
3	9	2	8	1	4	7	6	5
5	1	8	9	7	6	4	3	2
7	4	6	2	3	5	8	9	1

Solution 457

2	7	4	3	8	6	5	1	9
1	3	5	2	9	7	4	6	8
6	9	8	4	5	1	3	7	2
5	8	3	9	7	2	6	4	1
9	4	2	6	1	5	8	3	7
7	1	6	8	4	3	9	2	5
8	6	9	7	2	4	1	5	3
4	2	1	5	3	8	7	9	6
3	5	7	1	6	9	2	8	4

Solution 458

Solution 458

2	8	6	5	1	4	9	7	3
1	3	5	9	8	7	4	2	6
9	4	7	6	3	2	8	5	1
3	1	2	4	6	9	5	8	7
4	7	8	2	5	3	6	1	9
6	5	9	8	7	1	3	4	2
8	9	1	3	2	5	7	6	4
7	6	3	1	4	8	2	9	5
5	2	4	7	9	6	1	3	8

Solution 459

1	5	3	8	6	2	9	7	4
7	2	9	4	3	5	8	1	6
8	4	6	7	9	1	2	5	3
5	8	1	2	7	6	3	4	9
3	6	2	9	5	4	7	8	1
4	9	7	3	1	8	5	6	2
2	1	8	5	4	9	6	3	7
9	7	4	6	8	3	1	2	5
6	3	5	1	2	7	4	9	8

Solution 460

9	2	1	8	3	7	5	6	4
3	5	6	1	9	4	7	2	8
4	7	8	2	5	6	3	1	9
7	1	4	5	8	9	6	3	2
6	3	2	7	4	1	9	8	5
8	9	5	6	2	3	4	7	1
2	4	7	3	1	5	8	9	6
1	6	9	4	7	8	2	5	3
5	8	3	9	6	2	1	4	7

Solution 461

2	7	1	4	5	6	8	3	9
3	8	9	7	2	1	5	4	6
6	4	5	3	8	9	7	2	1
4	9	6	5	3	2	1	7	8
1	2	3	6	7	8	4	9	5
8	5	7	9	1	4	3	6	2
9	3	2	1	4	5	6	8	7
7	1	8	2	6	3	9	5	4
5	6	4	8	9	7	2	1	3

Solution 462

5	1	2	7	8	9	6	4	3
8	7	4	2	3	6	5	9	1
6	3	9	4	5	1	7	2	8
9	4	3	8	6	5	1	7	2
7	5	8	9	1	2	3	6	4
1	2	6	3	7	4	8	5	9
2	8	1	6	9	7	4	3	5
3	9	7	5	4	8	2	1	6
4	6	5	1	2	3	9	8	7

Solution 463

2	3	4	6	8	5	9	7	1
5	7	6	3	9	1	2	4	8
1	8	9	4	2	7	3	6	5
4	5	3	2	1	6	7	8	9
6	9	7	8	3	4	5	1	2
8	1	2	5	7	9	4	3	6
9	2	1	7	6	3	8	5	4
3	4	8	1	5	2	6	9	7
7	6	5	9	4	8	1	2	3

Solution 464

8	2	6	9	7	4	1	3	5
3	9	7	2	1	5	4	8	6
4	5	1	6	8	3	9	2	7
6	1	2	7	9	8	5	4	3
5	8	4	1	3	2	7	6	9
9	7	3	5	4	6	2	1	8
7	4	5	3	6	1	8	9	2
2	6	8	4	5	9	3	7	1
1	3	9	8	2	7	6	5	4

Solution 465

8	1	3	4	9	7	5	2	6
9	2	7	8	5	6	3	4	1
5	4	6	3	2	1	9	7	8
6	9	2	7	1	5	4	8	3
4	5	8	6	3	9	2	1	7
7	3	1	2	8	4	6	5	9
1	6	9	5	4	8	7	3	2
2	7	4	1	6	3	8	9	5
3	8	5	9	7	2	1	6	4

Solution 466

7	9	8	3	5	6	2	1	4
4	1	2	7	9	8	5	3	6
3	6	5	4	1	2	9	8	7
5	8	1	2	6	3	7	4	9
2	3	6	9	7	4	1	5	8
9	7	4	5	8	1	3	6	2
8	5	3	6	2	7	4	9	1
1	4	7	8	3	9	6	2	5
6	2	9	1	4	5	8	7	3

Solution 467

5	7	3	9	4	6	2	1	8
2	8	9	5	3	1	4	7	6
1	4	6	2	7	8	9	3	5
3	1	2	8	5	7	6	4	9
4	6	7	3	2	9	8	5	1
8	9	5	6	1	4	3	2	7
7	2	8	1	9	3	5	6	4
6	3	4	7	8	5	1	9	2
9	5	1	4	6	2	7	8	3

Solution 468

1	2	5	3	9	8	7	6	4
6	9	8	1	7	4	2	5	3
3	7	4	6	2	5	9	1	8
9	5	1	4	6	3	8	2	7
2	3	7	5	8	9	1	4	6
8	4	6	2	1	7	5	3	9
7	1	2	8	3	6	4	9	5
5	8	3	9	4	1	6	7	2
4	6	9	7	5	2	3	8	1

Solution 469

5	4	1	8	3	7	9	6	2
8	9	2	4	6	1	3	5	7
6	3	7	5	2	9	8	4	1
3	2	5	6	4	8	7	1	9
1	6	9	7	5	3	4	2	8
4	7	8	1	9	2	5	3	6
7	1	4	2	8	5	6	9	3
2	5	3	9	7	6	1	8	4
9	8	6	3	1	4	2	7	5

Solution 470

Solution 470

7	2	4	8	5	6	1	3	9
5	3	6	9	1	4	8	2	7
8	9	1	3	7	2	4	5	6
6	5	2	1	8	9	7	4	3
9	4	3	6	2	7	5	8	1
1	8	7	4	3	5	9	6	2
4	6	5	2	9	1	3	7	8
3	7	9	5	6	8	2	1	4
2	1	8	7	4	3	6	9	5

Solution 471

8	1	6	9	2	4	3	5	7
9	2	4	5	7	3	1	8	6
5	3	7	6	1	8	2	9	4
1	4	2	7	9	5	8	6	3
3	5	9	1	8	6	4	7	2
6	7	8	3	4	2	9	1	5
2	6	5	8	3	9	7	4	1
7	9	3	4	5	1	6	2	8
4	8	1	2	6	7	5	3	9

Solution 472

3	8	5	1	2	7	4	6	9
2	6	9	3	4	8	5	7	1
4	1	7	6	9	5	3	2	8
9	4	1	7	5	3	6	8	2
7	3	2	9	8	6	1	4	5
8	5	6	4	1	2	7	9	3
6	7	8	2	3	1	9	5	4
5	9	3	8	7	4	2	1	6
1	2	4	5	6	9	8	3	7

Solution 473

7	2	6	5	8	4	1	3	9
5	8	4	9	1	3	2	6	7
9	3	1	6	2	7	4	8	5
2	1	3	8	9	5	7	4	6
4	5	8	1	7	6	3	9	2
6	9	7	4	3	2	5	1	8
3	6	5	7	4	9	8	2	1
1	7	2	3	6	8	9	5	4
8	4	9	2	5	1	6	7	3

Solution 474

3	5	4	7	8	6	2	1	9
7	1	2	5	3	9	8	4	6
8	9	6	4	1	2	7	5	3
2	4	3	9	5	8	6	7	1
6	8	9	1	2	7	5	3	4
1	7	5	3	6	4	9	2	8
4	6	8	2	7	3	1	9	5
9	2	1	8	4	5	3	6	7
5	3	7	6	9	1	4	8	2

Solution 475

4	2	6	5	3	1	8	9	7
3	1	5	7	9	8	6	2	4
8	7	9	4	6	2	3	1	5
1	3	4	8	5	9	2	7	6
7	9	2	1	4	6	5	8	3
5	6	8	3	2	7	9	4	1
2	4	7	6	8	5	1	3	9
6	8	3	9	1	4	7	5	2
9	5	1	2	7	3	4	6	8

Solution 476

Solution 476

3	1	8	4	7	2	6	9	5
7	2	4	9	6	5	3	1	8
6	5	9	8	3	1	2	7	4
8	7	2	5	4	9	1	3	6
1	9	6	7	8	3	5	4	2
4	3	5	2	1	6	7	8	9
2	6	3	1	9	4	8	5	7
5	4	7	3	2	8	9	6	1
9	8	1	6	5	7	4	2	3

Solution 477

6	9	7	3	1	4	5	8	2
3	2	5	6	7	8	4	1	9
1	4	8	9	2	5	7	3	6
7	5	6	4	3	2	1	9	8
9	8	1	7	5	6	2	4	3
2	3	4	1	8	9	6	7	5
4	6	3	5	9	1	8	2	7
8	1	9	2	6	7	3	5	4
5	7	2	8	4	3	9	6	1

Solution 478

Solution 478

8	2	5	6	4	7	3	1	9
9	7	3	2	5	1	8	4	6
4	6	1	9	8	3	2	5	7
3	5	7	8	2	4	6	9	1
6	4	2	1	9	5	7	3	8
1	8	9	3	7	6	5	2	4
2	3	8	4	6	9	1	7	5
7	1	4	5	3	8	9	6	2
5	9	6	7	1	2	4	8	3

Solution 479

3	2	8	5	4	7	6	1	9
4	6	7	3	1	9	2	8	5
1	5	9	8	2	6	7	3	4
8	3	2	9	5	4	1	6	7
6	7	5	1	3	8	4	9	2
9	1	4	6	7	2	8	5	3
2	8	6	7	9	3	5	4	1
5	4	3	2	8	1	9	7	6
7	9	1	4	6	5	3	2	8

Solution 480

3	8	5	7	1	6	2	9	4
1	6	2	4	5	9	7	8	3
7	4	9	3	8	2	5	6	1
4	7	1	2	9	8	6	3	5
2	3	6	1	4	5	8	7	9
9	5	8	6	3	7	4	1	2
5	1	7	9	6	4	3	2	8
8	2	3	5	7	1	9	4	6
6	9	4	8	2	3	1	5	7

Solution 481

8	3	1	5	6	2	7	4	9
2	5	9	1	7	4	6	8	3
4	6	7	8	3	9	1	5	2
1	8	4	7	2	6	3	9	5
7	2	6	9	5	3	4	1	8
3	9	5	4	1	8	2	7	6
5	1	3	2	8	7	9	6	4
9	7	2	6	4	5	8	3	1
6	4	8	3	9	1	5	2	7

Solution 482

3	9	6	7	1	2	5	4	8
2	5	8	4	6	9	3	7	1
1	7	4	3	8	5	6	9	2
6	8	7	1	2	4	9	5	3
4	2	1	5	9	3	8	6	7
5	3	9	6	7	8	1	2	4
7	4	3	8	5	6	2	1	9
9	1	5	2	3	7	4	8	6
8	6	2	9	4	1	7	3	5

Solution 483

1	4	2	3	6	9	5	7	8
3	5	9	2	7	8	6	4	1
8	7	6	4	5	1	3	9	2
2	3	4	7	8	5	1	6	9
6	1	8	9	3	2	7	5	4
5	9	7	6	1	4	2	8	3
7	6	1	8	4	3	9	2	5
4	2	5	1	9	7	8	3	6
9	8	3	5	2	6	4	1	7

Solution 484

5	2	8	3	4	7	9	1	6
7	9	6	5	8	1	4	2	3
1	4	3	6	9	2	5	8	7
4	7	1	2	6	9	8	3	5
6	5	2	7	3	8	1	4	9
8	3	9	1	5	4	7	6	2
9	6	5	4	1	3	2	7	8
2	8	4	9	7	6	3	5	1
3	1	7	8	2	5	6	9	4

Solution 485

8	1	5	6	7	4	3	9	2
7	4	3	8	2	9	6	5	1
6	2	9	3	5	1	7	4	8
1	5	4	7	3	6	8	2	9
2	6	7	9	8	5	1	3	4
9	3	8	1	4	2	5	6	7
5	8	6	4	9	7	2	1	3
3	9	2	5	1	8	4	7	6
4	7	1	2	6	3	9	8	5

Solution 486

5	2	9	1	7	6	8	3	4
4	6	1	2	8	3	7	5	9
8	3	7	5	9	4	1	6	2
7	9	6	8	4	2	3	1	5
1	8	4	7	3	5	2	9	6
3	5	2	9	6	1	4	8	7
9	4	5	3	1	7	6	2	8
6	1	8	4	2	9	5	7	3
2	7	3	6	5	8	9	4	1

Solution 487

2	3	1	6	5	9	4	8	7
9	7	8	3	1	4	6	2	5
6	5	4	7	8	2	3	9	1
8	6	2	5	7	1	9	3	4
7	9	5	2	4	3	1	6	8
1	4	3	8	9	6	7	5	2
3	1	7	9	2	8	5	4	6
4	8	6	1	3	5	2	7	9
5	2	9	4	6	7	8	1	3

Solution 488

9	3	7	1	6	5	2	4	8
8	4	6	9	3	2	5	7	1
5	1	2	4	7	8	9	6	3
1	2	3	7	9	6	4	8	5
4	6	9	8	5	1	7	3	2
7	8	5	3	2	4	6	1	9
2	9	4	6	8	3	1	5	7
6	5	8	2	1	7	3	9	4
3	7	1	5	4	9	8	2	6

Solution 489

4	7	5	2	8	9	6	1	3
8	6	3	1	4	5	2	7	9
1	9	2	7	6	3	5	4	8
6	2	1	3	7	4	9	8	5
3	8	9	5	2	1	4	6	7
5	4	7	6	9	8	1	3	2
7	3	4	9	5	6	8	2	1
2	5	8	4	1	7	3	9	6
9	1	6	8	3	2	7	5	4

Solution 490

Solution 490

9	6	4	7	2	1	5	8	3
1	3	5	8	4	6	9	2	7
2	7	8	5	3	9	4	1	6
6	1	2	3	7	4	8	5	9
7	8	3	1	9	5	6	4	2
4	5	9	6	8	2	3	7	1
8	9	7	2	5	3	1	6	4
5	4	6	9	1	7	2	3	8
3	2	1	4	6	8	7	9	5

Solution 491

2	6	5	7	8	1	3	9	4
4	8	9	3	6	2	1	7	5
1	3	7	4	9	5	6	8	2
3	5	8	2	1	7	4	6	9
6	4	1	8	3	9	5	2	7
7	9	2	6	5	4	8	3	1
5	1	6	9	7	3	2	4	8
8	7	4	1	2	6	9	5	3
9	2	3	5	4	8	7	1	6

Solution 492

1	8	5	6	4	2	9	3	7
4	7	3	8	1	9	5	6	2
2	9	6	3	7	5	4	8	1
8	5	7	9	6	3	1	2	4
6	3	4	1	2	7	8	9	5
9	1	2	4	5	8	6	7	3
5	4	9	2	3	6	7	1	8
7	2	8	5	9	1	3	4	6
3	6	1	7	8	4	2	5	9

Solution 493

2	6	5	4	8	3	7	9	1
3	9	8	6	1	7	2	5	4
1	4	7	9	5	2	3	8	6
4	8	3	7	6	5	1	2	9
7	5	6	2	9	1	8	4	3
9	1	2	8	3	4	6	7	5
6	2	1	5	4	8	9	3	7
5	7	9	3	2	6	4	1	8
8	3	4	1	7	9	5	6	2

Solution 494

5	2	6	9	4	3	7	1	8
4	7	3	1	5	8	9	6	2
8	1	9	7	2	6	4	3	5
1	4	8	2	7	9	6	5	3
2	3	5	4	6	1	8	9	7
9	6	7	3	8	5	2	4	1
6	5	1	8	9	2	3	7	4
7	9	2	5	3	4	1	8	6
3	8	4	6	1	7	5	2	9

Solution 495

8	7	6	4	2	5	9	1	3
9	4	5	7	3	1	2	6	8
1	2	3	9	8	6	5	4	7
4	5	2	1	6	8	3	7	9
6	3	1	2	7	9	8	5	4
7	9	8	5	4	3	1	2	6
3	1	4	8	5	7	6	9	2
2	6	9	3	1	4	7	8	5
5	8	7	6	9	2	4	3	1

Solution 496

Solution 496

4	7	5	2	9	1	6	3	8
3	9	8	5	4	6	7	2	1
2	6	1	7	8	3	4	5	9
5	2	9	6	1	4	3	8	7
1	4	6	8	3	7	2	9	5
7	8	3	9	5	2	1	4	6
6	5	4	3	7	9	8	1	2
9	1	7	4	2	8	5	6	3
8	3	2	1	6	5	9	7	4

Solution 497

2	5	8	1	3	6	7	9	4
7	3	4	8	5	9	2	1	6
1	9	6	2	4	7	5	8	3
4	8	7	3	6	1	9	5	2
6	2	3	9	7	5	1	4	8
9	1	5	4	2	8	3	6	7
3	6	1	7	9	4	8	2	5
5	7	9	6	8	2	4	3	1
8	4	2	5	1	3	6	7	9

Solution 498

Solution 498

6	2	7	4	3	5	9	8	1
8	9	3	1	2	7	4	5	6
4	5	1	9	8	6	7	3	2
7	6	4	5	9	2	8	1	3
3	8	9	7	6	1	2	4	5
2	1	5	3	4	8	6	7	9
9	7	6	8	1	3	5	2	4
5	3	2	6	7	4	1	9	8
1	4	8	2	5	9	3	6	7

Solution 499

9	4	7	8	3	5	2	1	6
6	3	2	7	4	1	9	5	8
1	5	8	6	2	9	3	7	4
8	2	3	4	9	7	1	6	5
4	9	6	5	1	2	7	8	3
5	7	1	3	8	6	4	2	9
7	6	9	2	5	3	8	4	1
3	8	5	1	7	4	6	9	2
2	1	4	9	6	8	5	3	7

Solution 500

2	9	1	5	8	7	3	4	6
7	8	6	4	3	9	5	2	1
5	3	4	6	2	1	8	7	9
3	2	5	7	4	6	9	1	8
1	7	8	3	9	5	2	6	4
4	6	9	8	1	2	7	5	3
6	5	3	9	7	4	1	8	2
9	4	2	1	5	8	6	3	7
8	1	7	2	6	3	4	9	5

www.ingramcontent.com/pod-product-compliance
Lightning Source LLC
Chambersburg PA
CBHW060422220526
45465CB00008B/2986
9798663890892